Bernds
Kampfbüchlein

Bernd Höcker

Bernds Kampfbüchlein

Erste Hilfe bei schweren Konflikten:
strategisch, juristisch, psychologisch

Dieses Buch ist die um 64 Seiten erweiterte Auflage des 2010 erschienenen Buches "Kleines Kampfbüchlein" ISBN 978-3-9811760-3-2

Copyright	© Bernd Höcker Verlag 2014
Druck	Druckerei Steinmeier Gewerbepark 6 86738 Deiningen
Verlagsanschrift	Bernd Höcker Verlag Lutterothstr. 54 20255 Hamburg
Internet	**www.gez-abschaffen.de**
Auflage	1. Auflage 2014
ISBN	978-3-9811760-9-4

Wichtig:
Alle rechtlichen Hinweise und Interpretationen sind ohne Gewähr. Das Buch ersetzt nicht die Inanspruchnahme eines Rechtsanwaltes, bzw. einer Rechtsanwältin.

Inhalt

1 Wenn ein Konflikt unter die Haut geht

In diesem Buch geht es um Konflikte mit Personen, Gruppen oder Institutionen, die ganz subjektiv als existentiell empfunden werden. Es geht um Bedrohungen, die so beunruhigend erscheinen, dass sie im Geiste immer präsent sind. Du gehst abends mit ihnen ins Bett und wachst morgens mit ihnen wieder auf. Wie ein schwarzer Schatten liegt das Problem den ganzen Tag über deiner Seele und verhagelt dir selbst schöne Momente. Wenn du so eine Situation gerade durchlebst, bist du bei diesem Buch genau richtig. Es enthält strategische, juristische und psychologische Informationen, die dir ganz praktisch weiterhelfen.

Ursache und Gegner können ganz unterschiedlich sein: Konflikte am Arbeitsplatz gehören ebenso dazu wie Streitigkeiten unter Nachbarn, Rosenkriege oder asymmetrische Konflikte zwischen Bürger und Behörden oder anderen mächtigen Institutionen. Auch Zivil- oder Strafverfahren, die im virtuellen Raum des Internets ihren Ursprung haben, können in der richtigen Welt zur bedrohlichen Belastung werden.

Schwerpunktthema dieses Buches ist der Kampf gegen den neuen, geräteunabhängigen Rundfunkbeitrag. An diesem hervorgehobenen Beispiel des öffentlichen Rechts wirst du auch verstehen, wie du in vielen anderen Fällen vorgehen kannst, in denen Verwaltungsrecht eine Rolle spielt.

2 Zum Krieg gehören immer Zwei - falsch!

Es gibt eine Redensart, die sich beständig hält, obwohl sie grundfalsch ist. Sie heißt: „Zum Krieg gehören immer mindestens zwei." Diese Aussage soll eine unschöne Situation relativieren und verhindern, dass jemandem die Schuld zugewiesen wird. Ich nenne das in den meisten Fällen „Harmoniesucht".

Es gibt natürlich Streitigkeiten, wo wirklich zwei Raufbolde gegeneinander geraten. Jeder von beiden ist konfliktbereit und -willig. Wenn es dann Zoff gibt, stimmt der Spruch natürlich meistens. Krasse Beispiele: Fußball-Hooligans, die sich verabreden, um sich gegenseitig zu verdreschen oder Gangster, die sich um die Beute kloppen.

Es gibt aber auch zahlreiche Fälle, in denen vollkommen unschuldige Menschen angegriffen werden, aus Eifersucht, Neid, Gier, Sadismus oder einfach aus Streitlust. Der richtige und ebenfalls bekannte Spruch lautet daher: „Es kann der Frömmste nicht in Frieden leben, wenn es dem bösen Nachbarn nicht gefällt".

Was ist aber mit der Frage: Wer hat angefangen? Diese Frage ist tatsächlich manchmal nicht leicht zu beantworten, da schon der Begriff „Angriff" einen schwer definierbaren Inhalt hat. Z.B. wird Gewalt unterschiedlich empfunden und daher auch unterschiedlich beantwortet. Wann ist also ein Verhalten ein Angriff und die Reaktion eine Verteidigung oder wann ist die sog. Verteidigung der eigentliche Angriff? Auch wenn sich diese Frage nicht pauschal und objektiv beantworten lässt, würde ich solche Handlungen als Angriffe ansehen, die eine unmittelbare Gegenreaktion erfordern, um das eigene körperliche, finanzielle oder gesellschaftliche Überleben zu verteidigen. Dies können sowohl Körperverletzungen, Sach-beschädigungen oder Diebstahl sein, als auch Lügen, Intrigen, Mobbing, Entzug des Sorge-rechts oder ein belastender Behördenbescheid.

3   Fight or Flight

Wird man angegriffen, gibt es nur zwei Reakti-onsmöglichkeiten: Kampf oder Flucht. Wählst du den Kampf, bedeutet dies harte Anstrengung. Du musst dir Gedanken machen, ggf. Beweise si-chern, Strategien entwickeln und vielleicht auf-wendige Schriftsätze erstellen. Jeder weiß: Wer kämpft, kann verlieren, doch wer nicht kämpft hat schon verloren.

Unter Flucht verstehe ich z.B. das Nachgeben gegenüber Forderungen, die ein Anderer gegen dich erhebt oder das Durchgehen lassen von Handlungen eines Anderen, mit der er dir Schaden zufügt.

Mein persönlicher Tipp dazu lautet: Ist die Forderung oder die Handlung des Anderen gerechtfertigt: akzeptiere sie. Ist der Angriff jedoch inakzeptabel: kämpfe! Sich in eine ungerechte Situation zwingen zu lassen, führt auf Dauer zu einer Verminderung der inneren Kraft und im schlimmsten Fall zu Depressionen. Oft sind Menschen, die nicht für ihre Sache kämpfen, für andere intuitiv als leichte Beute zu erkennen, was immer neue Angriffe provozieren kann. So entstehen „Opfertypen".

4 Worum geht's?

Es gibt - allgemein ausgedrückt - eigentlich nur drei Arten von Zielen bei Konflikten:

1. Man möchte beim Gegner im weiteren Sinne eine Verhaltensänderung erreichen. Man möchte, dass er etwas tut oder unterlässt. Man will z.B., dass er etwas herausgibt oder eine bestimmte Summe Geld zahlt, Verleumdungen unterlässt oder der eigenen Wohnung fernbleibt u.s.w.

Gut ist siegen - und damit genug
man wage nicht, Zwingherr zu sein
siegen und sich nicht brüsten
siegen und sich nicht rühmen
siegen und nicht stolz auf
den Sieg zu sein
gezwungen nur sei man ein Sieger -
nicht um zu zwingen.

Laudse: "Daudedsching", dtv bibliothek
(Lao-tse: "Tao-te-king")

2. Der Gegner soll vernichtet werden. Diese Zielvorstellung entspricht den höchsten Eskalationsstufen des Modells von Glasl (s.a. Kap. 5).

3. Man möchte eine Verhaltensänderung erreichen und nimmt dabei billigend die materielle oder psychische Zerstörung des Gegners in Kauf. So etwa, wenn gegen einen Geringverdiener eine Millionenklage angestrengt wird, bei der er alles verliert.

Mache dir klar, welcher Art dein Konflikt mit deinem Gegner ist. Geht es dabei von einer oder beiden Seiten nur um Verhaltensänderung oder ist bei einer oder beiden Seiten auch der Wunsch nach Vernichtung im Spiel? Versuche auch die wirklichen Motive und Interessen deines Gegners oder deiner Gegnerin zu ergründen (s. Kap. 8).

5   Die 9 Eskalationsstufen nach Glasl

Konfliktforscher Friedrich Glasl benennt neun Eskalationsstufen, die eine Auseinandersetzung annehmen kann. Es kann hilfreich sein, wenn du einmal analysierst, auf welcher dieser Stufen sich der Konflikt z.Zt. befindet. Nicht jeder Streit beginnt auf der ersten Stufe und schaukelt sich dann hoch. Manche Streitigkeiten beginnen von vorn herein auf fortgeschrittenem Niveau. Natürlich sollte versucht werden, die Eskalation zu stoppen, da die letzten Phasen für beide Parteien gleichermaßen Verlust oder sogar totale Zerstörung bedeuten. Glasl stellt die Eskalationsspirale übrigens nicht als eine Aufwärtskurve (im Sinne von Hochschaukeln) dar, sondern als Abwärtskurve, weil sie auf den Untergang gerichtet ist.

Eskalationsstufe (ES) 1 - Verhärtung: Hier zeigen sich Kommunikationsprobleme, welche die zwischenmenschlichen Beziehungen beeinträchtigen. Es kommt zur Verhärtung der Standpunkte.

ES 2 - Debatte und Polemik: Auf die von der Gegenseite vorgebrachten Argumente wird kaum mehr eingegangen. Man will nur noch Recht haben und sich selbst gut darstellen. Die Inhalte werden langsam nebensächlich.

ES 3 - Taten statt Worte: Es wird kaum noch geredet, sondern gehandelt und somit Fakten geschaffen, mit denen sich der Gegner auseinandersetzen muss. Das gegenseitige Vertrauen schwindet.

ES 4 - Images und Koalitionen: Die Distanz zum Gegner wächst. Dem Gegner werden alle schlechten Eigenschaften und der eigenen Seite alle guten Eigenschaften zugeordnet. Diese Eigenschaften beziehen sich noch auf das Wissen und Können, nicht auf die Person.

ES 5 - Gesichtsangriff und Gesichtsverlust: Dem Gegner werden niederträchtige Motive unterstellt. Das Feindbild umfasst jetzt nicht mehr nur das Wissen und Können, sondern die ganze Person, die man endlich durchschaut hat.

ES 6 - Drohstrategien und Erpressung: Nun wird dem Feind (wie man ihn jetzt wohl nennt) ein erheblicher Schaden angedroht, falls die eigenen Forderungen nicht erfüllt werden. Ihm wird signalisiert, dass man zu empfindlichen Schlägen in der Lage ist.

ES 7 - Begrenzte Vernichtungsschläge: Der Gegner wird nicht mehr als Mensch, sondern als „Ding" angesehen. Drohungen werden nun praktisch umgesetzt. Erst gegen Sachen, dann auch gegen Personen. Ist dabei der Schaden des Feindes größer als der eigene, wird dies als Triumph wahrgenommen. Es geht kaum noch um das Gewinnen, sondern darum, dem Gegner soviel wie möglich zu schaden.

ES 8 - Zersplitterung des Feindes: Es geht jetzt darum, den Gegner wirtschaftlich und seelisch-geistig zu vernichten. Die Organisation des Feindes wird angegriffen und lahmgelegt. Die eingesetzten Mittel werden verschärft.

ES 9 - Gemeinsam in den Abgrund: Alleiniges Ziel ist bei dieser Eskalationsstufe die vollständige und endgültige Zerschlagung des Feindes. Selbst der eigene Untergang wird als Triumph angesehen, wenn der Gegner ebenfalls untergeht.

Nur für die Stufen 1 bis 3 sieht Glasl noch Möglichkeiten dafür, dass sich die Parteien ohne äußere Hilfe von ihrem Konflikt befreien können. Auch die Hilfe externer Laien hält er dabei für sinnvoll. Für die dann folgenden Phasen der Eskalation sieht er nur noch professionelle Hilfe für angebracht: Prozessberatung, soziotherapeutische Prozessbegleitung, Mediation, Schiedsverfahren und zum Schluss den Machteingriff etwa durch Gericht oder Polizei.

Tipp zum weiterlesen: Friedrich Glasl: „Selbsthilfe in Konflikten"

6   Die Bedeutung von Wahrheit und Lüge

Vielleicht gehe ich einigen Lesern auf den Geist, wenn ich die Kraft der Wahrheit an verschiedenen Stellen dieses Buches immer wieder in verschiedenen Farben ausmale. Die Wahrheit ist das, was tatsächlich ist, bzw. geschah und schon deshalb wichtig. Wenn du bei der Wahrheit bleibst, brauchst du keine Angst zu haben, dich irgendwann in Widersprüche zu verwickeln. Wer sich dagegen eine Lüge ausdenkt und sie nach außen hartnäckig vertritt, muss später permanent darüber nachdenken, was er sagt. Jede Äußerung muss dann in einer Art Zensurinstanz überprüft werden, ob sie zu der erfundenen Geschichte passt oder nicht. Ein Leben in Lüge ist sehr anstrengend, raubt Kräfte und geht an die Gesundheit.

Besonders Lügen, mit denen einer anderen Person schwerer Schaden zugefügt werden soll, wird

dem Lügner sehr viel Energie abverlangen, denn der Geschädigte könnte vielleicht irgendwann den Gegenbeweis antreten und den Lügner bloßstellen.

Solltest du einen Gegner haben der lügt, musst du deine ganze Intelligenz dafür einsetzen, diese Lüge zu entlarven: Suche nach Widersprüchen in der Argumentation und nach Beweisen, welche die Unvereinbarkeit der falschen Aussagen deines Gegners mit offensichtlichen Dingen belegen.

Wenn du selbst aus irgendwelchen Gründen nicht mit der Wahrheit rauskommen möchtest, dann schweige lieber. Es gibt kaum Situationen, in denen du zum Reden gezwungen werden kannst. Schweigen ist kein Schuldgeständnis.

7   Tatsachen und Vermutungen

Es ist wichtig, den Unterschied zwischen Tatsachen und Vermutungen klar zu erkennen und beides säuberlich von einander zu trennen.   Dies

Wer äußert, was nicht wahr ist, wer leugnet, was er getan hat - der eine wie der andere wählt die Abwärtsbahn. Nach dem Tod fallen sie beide in die gleiche Finsternis.

"Dhammapada" - Buddhas zentrale Lehren. Goldmann Verlag

stärkt nicht nur deine eigenen Aussagen gegenüber dem Gericht, sondern kann auch erforderlich sein, wenn du die gegnerischen Aussagen entkräften willst. Oftmals sind Vermutungen nicht widerlegbar, obwohl sie falsch sind. Trotzdem bleiben sie Vermutungen.

Beispiel:

<u>Tatsache ist,</u> dass es am Toten Meer in Israel zahlreiche Fliegen gibt, die den Menschen in Mund, Nase, Augen und in die Ohren kriechen und am gesamten Körper inkl. den Geschlechtsteilen herumkrabbeln. Des weiteren ist es eine Tatsache, dass chronisch Kranke am Toten Meer eine starke Linderung ihrer Beschwerden bis hin zur völligen, vorübergehenden Abheilung erfahren. Weitere Tatsache: Viele Menschen schlagen nach den Fliegen. Manche peitschen sich dabei sogar mit Handtüchern oder Fliegenkatschen ihre Geschlechtsteile aus. Gelegentlich wird eine Fliege auch erschlagen. - Soweit die Tatsachen.

<u>Jetzt zu den Vermutungen:</u>

1. Die Fliegen sind einfach nur an den Körpersekreten interessiert und sie ernähren sich davon.

2. Es sind Arztfliegen, die den kranken Menschen dort helfen. Mit ihren empfindlichen Beinchen tasten sie die Energiebahnen ab und erfahren so, wo der Mensch Blockaden hat. Sodann beginnen sie mit der Ohrakupressur und reizen dabei die den einzelnen Stellen des Ohres zugeordneten kranken Organe. Dies führt sodann zu der erwähnten Linderung oder gar Abheilung. Manchmal werden diese braven Arztfliegen aber auch tragischerweise von ihren Patienten umgebracht.

3. Es sind Kungfu-Fliegen. Diese Fliegen beherrschen die Kampfkunst „Kitzel-Kungfu". Sie haben enormen Spaß daran, die Menschen so zu reizen, dass sie nach ihnen schlagen und dabei natürlich nicht die Fliegen, sondern allein sich selbst treffen. Auch die Gefahr reizt diese Fliegen. Das gibt ihnen den Kick.

Keine dieser drei Vermutungen lässt sich beweisen oder überzeugend widerlegen. Nr. 1 könnte etwa auch in Verbindung mit 2 und 3 wahr sein. 1 ist zwar das Wahrscheinlichte, schließt aber 2 und 3 nicht explizit aus. Wir sind hier auf Spekulationen angewiesen und dessen sollten wir uns bewusst sein.

Solche strikten Unterscheidungen zwischen Tatsachen und Vermutungen spielen immer dann eine ganz besondere Rolle, wenn ein Sachverhalt strittig ist. Achte also bei der gegnerischen Darstellung auf diese Unterscheidung und kontere ggf. mit eigenen Vermutungen, die bei gleicher Tatsachenlage ebenfalls unwiderlegbar sind. Entlarve die Strategie des Gegners.

Übrigens: Ich „weiß" was über dich! Du bist gerade dabei, ein Buch zu lesen! Stimmt's? Na gut. Ich „vermute" lediglich, dass du gerade ein Buch liest. Du könntest auch eine Fotokopie vor dir haben oder es wird dir vorgelesen. Für mich ist es also nur eine (begründete) Vermutung, aber die Tatsachen kennst du. Es ist aber fraglich, ob Tatsachen später auch bewiesen werden können oder ob vor Gericht die möglicherweise unwahren Vermutungen obsiegen werden.

8 Die wirklichen Interessen erkennen

Wie in Kap. 12 geschildert, werden in der zweiten Phase der Mediation alle in Frage kommenden Optionen und Motive herausgearbeitet, um einer Lösung des Falles näher zu kommen. Auch ohne den strukturierten Rahmen einer Mediation kann eine kritische Überprüfung deiner eigenen Interessenlage und eine Abschätzung der Interessenlage deines Gegners von großem Wert sein. Stelle dir also einmal die Frage: „Was will ich wirklich und was könnte hinter dem Verhalten meines Gegners stecken?"

Vor einiger Zeit hatte ich im Urlaub einen netten Menschen kennengelernt (ich nenne ihn mal Horst). Horst pflegte seine körperlich und geistig schwerstbehinderte Ehefrau viele Jahre lang rund um die Uhr zu Hause und das ungeachtet seiner eigenen schweren Erkrankung. Trotz seiner aufopfernden Pflege gelang es seinen Schwiegereltern trickreich, ihm gerichtlich das Sorgerecht für seine Ehefrau zu entziehen. Horst fühlte sich hintergangen, da es offensichtlich nicht mit rechten Dingen vor sich gegangen war. Das Sorgerecht wurde ihm kurz nach der erforderlich gewordenen Einweisung in ein Pflegeheim entzogen. Mittlerweile hat er Nachweise über den Vorgang, der die Sache in einem vollkommen anderen Licht erscheinen lässt und möchte deshalb demnächst eine Sorgerechtsklage erheben.

Wir haben sehr oft über seine Probleme geredet, weil dieser Konflikt mit seinen Schwiegereltern permanent sein Denken und Fühlen beherrschte. Entsprechend der Eskalationsstufen von Glasl (s. Kap. 5) dürfte der Konflikt wohl etwa die Stufe 7-8 erreicht haben. Nach vielen Abenden und diversen Bieren kam dann folgendes ans Licht: Eigentlich war der Verlust des Sorgerechts für

Horst sogar von Vorteil, weil die ganzen Formalitäten mit den Behörden nun von den Schwiegereltern zu erledigen waren. Die vielen Arbeiten, die mit dem Sorgerecht einhergingen, hatten Zeit und Nerven gekostet, was nun ja wegfiel.

Mit seiner geplanten Sorgerechtsklage wollte er eigentlich auch nur die unrichtigen Behauptungen seiner Schwiegereltern aus der Welt schaffen. Er wollte ihnen auch eine Niederlage beibringen, unter Inkaufnahme sich damit durch die Last, die er damit wieder auf sich geladen hätte, selbst zu schaden. Seine aufgewühlten Gefühle hatten ihn zu diesem irrationalen Vorhaben getrieben.

Wir kamen zu folgender Lösung: Die falschen Behauptungen müssen aus der Welt! Da besteht gar kein Zweifel. Aber das ist auch schon alles. Was getan werden muss, ist also keine Sorgerechtsklage, sondern eine Unterlassungs- oder Feststellungsklage, wobei hierfür die neuen Beweise vorgelegt werden können. Immerhin ein anderer Klageweg und ein anderes juristisches Fachgebiet. Was er später mit der gerichtlich neu festgestellten Sachlage anfängt, kann er sich dann immer noch in aller Ruhe überlegen.

Auch die wahren Interessen deines Gegners oder deiner Gegnerin lassen sich bis zu einem gewissen Grade abschätzen. So ist im Internet folgender Fall sehr gut dokumentiert: Ein Blogger (also Weblog- bzw. Tagebuchschreiber) hatte sich abschätzig über das Logo eines Sportbekleidungsherstellers geäußert, worauf dieser den Blogger kostenpflichtig durch eine Anwaltskanzlei abgemahnt hat. Völlig verängstigt unterschrieb er die beigefügte strafbewährte Unterlassungserklärung und verpflichtete sich dazu, seine negativen Äußerungen über das Logo zu löschen und nicht zu wiederholen. Nun hatte aber bereits ein anderer Webseitenbetreiber seinen Blog kopiert und auf einen ausländischen Server veröffentlicht. Für diese Veröffentlichung machte der Sportbekleidungshersteller wieder den Blogger verantwortlich und lies ihn erneut kostenpflichtig abmahnen.

Nun aber die eigentliche Frage: Was will diese Firma wirklich? Klar! Sie wollte verhindern, dass ihr Image durch die Kritik am Logo beschädigt wird. Dies zu wissen, ist unendlich wichtig! Dieses erneute Vorgehen des Sportbekleidungsherstellers gegen ihn hatte der Blogger daraufhin blitzschnell im Internet verbreitet, was der Firma einen so üblen Ruf einbrachte, dass nicht nur zum Boykott der Kleidung aufgerufen wurde, sondern auch noch die Fußballmannschaft öffentlich beschimpft wurde, die Trikots von dieser Firma trug. Im Ergebnis führte dieser Angriff

Wer andere kennt, ist klug
wer sich kennt, ist weise
wer andere bezwingt, ist kraftvoll
wer sich selbst bezwingt, ist
unbezwingbar.

Laudse: "Daudedsching", dtv bibliothek
(Lao-tse: "Tao-te-king")

dieses mächtigen Unternehmens gegen einen mittellosen Weblog-Schreiber zu einer Marketing-Katastrophe, wie sie schlimmer eigentlich kaum sein konnte. Um den Schaden zu begrenzen, wurde schließlich der Blogger in die Firma eingeladen, um zu einer gütliche Einigung zu gelangen.

Du siehst hieran: Wenn du die wirklichen - dahinterstehenden - Interessen deines Gegners kennst, kannst du viel gezielter und effektiver auf Angriffe reagieren. In diesem Fall war eine Vorwärtsstrategie genau das richtige, um sich zu verteidigen.

9   Streit wenn möglich vermeiden

Obwohl es in diesem Buch um Kampf geht, sollte man Eines nicht vergessen: Die meisten Konflikte löst man durch Diplomatie und nicht durch Kampf. Ich habe das in den Kap. 11.11 sowie 12 weiter ausgeführt. Kampf muss sich auch irgendwie lohnen. Falls man kämpft und bereits weiß, dass auch der Sieg mehr kostet, als den Kampf zu vermeiden, wäre es doch töricht, selber einen Kampf zu beginnen. Unterschiedlich verhält es sich eventuell, wenn der oder die Andere den Streit unbedingt will. Aber auch dann kann unter Umständen die Weisheit gelten, dass der Klügere nachgibt. Manche Konflikte sind bei nüchterner

Betrachtung so bedeutungslos, dass es sich nicht lohnt, sich auch nur einen Moment damit intensiver zu befassen.

Eines der Kriterien ob man den Kampf aufnehmen will oder nicht, ist die Frage nach der Beziehung zu dem Gegenüber. Damit meine ich, ob du lediglich für diese eine Situation etwas ändern möchtest und dann sowieso andere Wege gehst oder ob du das unerwünschte Verhalten des anderen dauerhaft verändern möchtest, weil du ständig mit ihm oder ihr zusammenlebst.

Trotz dieser Hinweise können aber auch kleine Anlässe ein Grund sein, sich mit allen Mitteln energisch zur Wehr zu setzen. Dies betrifft in aller erster Linie Mobbinghandlungen, die zwar jede für sich genommen recht harmlos erscheinen können, aber in der systematischen Wiederholung und Penetranz ein erhebliches Problem darstellen. Zum Beispiel, wenn jemand ständig von seinen Kollegen negativ auf irgendwelche Äußerlichkeiten angesprochen wird oder permanent seine Arbeit schlecht gemacht wird oder er von Gesprächen ausgeschlossen wird. Wenn man sich dann nicht wehrt, ist man verloren und wird zum gefragten Opfer. Siehe hierzu Kap. 14.

10 Verhaltensprinzipien und Strategien im Kampfe

Es gibt grundsätzliche Verhaltensprinzipien in aktuellen Konflikten, egal welcher Art sie sind und wer der Gegner ist. Du solltest diese Prinzipien also auf jeden Fall beherzigen.

10.1 Gib dem Gegner kein Ki

Als „Ki" bezeichnet man in Asien die innere Kraft. Das Wort findet sich in den Begriffen für verschiedene Kampfsportarten, wie etwa Hap Ki Do oder Ai Ki Do. Dem Gegner kein Ki geben, bedeutet: Reize deinen Gegner nicht unnötig. Du gibst ihm sonst zusätzliche Kraft, die er wiederum im Kampf gegen dich nutzen kann. Behalte allein deine wirklichen Ziele im Auge und vermeide Beleidigungen oder Übertreibungen. Es gibt Leute, die schlagen jemanden im Affekt tot, wenn sie beleidigt werden. Sie entwickeln dabei übermenschliche Kräfte. Ein Sprichwort sagt: „Wenn Schafe rasend werden, sind sie schlimmer als Wölfe!".

10.2 Vorsicht: Querulanten-Image

Die innere Aufregung und persönliche Verletzung kann dazu führen, dass du deine Aktivitäten zu weit in verschiedene Richtungen streust und zu sehr intensivierst. Auch wenn es in dir brodelt, solltest du nach außen so gelassen wie irgend möglich wirken. Die Gradwanderung zwischen zu viel und zu wenig ist jedoch schwierig. Einen Tipp für das richtige Maß habe ich nicht parat, da es auf die jeweilige Situation ankommt, wann welche Mittel die richtigen sind.

Manche Gegner legen es geradezu darauf an, ihren Widersachern ein Querulanten-Image zu verpassen. So kann es zum Beispiel in Mobbingfällen geradewegs zur Strategie gehören, das Mobbingopfer so zu reizen, dass es ständig beim Chef antanzt, diverse Strafanzeigen erstattet oder sich bei anderen Kollegen laufend über die schlechte Behandlung beschwert. Das Problem: Ist man erst mal als Querulant verschrien, wird man kaum noch ernst genommen und kommt schwer wieder da raus. Je heftiger man sich dagegen wehrt, desto besser passt das Bild vom ewigen Nörgler. Es ist wie das Versinken im Moor: Je mehr man strampelt, desto schneller geht man unter.

Eine wichtige Regel lautet: „Sei sanft im Tonfall, aber stark in der Sache". Besonders Juristen schätzen kühle Formulierungen. Versuche deine Argumente so präzise wie möglich darzulegen und greife auch Dritten gegenüber nie die Person deines Gegners direkt an. Angreifen solltest du nur seine Handlungen.

Wenn du deine Schriftsätze verfasst, schreibe also nicht: „Der provisionsgeile GEZ-Scherge hat in einer für diese raffgierige Mafia typischen, hinterhältigen und verbrecherischen Weise versucht, mit übelsten Stasi-Methoden Schutzgeld von mir zu erpressen", sondern besser: „Der Rundfunkbeitragsbeauftragte hat durch Befragung meiner 89-jährigen Nachbarin erfahren, dass ich angeblich einen Kellerraum mit einer abgestellten Schlafcouch hätte und daraus unzulässiger Weise geschlussfolgert, dass für diesen Rundfunkbeitrag an den NDR zu zahlen sei." - So hast du bei Gericht auf jeden Fall die besseren Chancen.

10.3 Vorsicht mit Drohungen

Drohungen auszusprechen, kann gefährlich sein. Zum Einen kann sie den Gegner unerwartet Ki geben, wie in Kap. 10.1 beschrieben. Er kann sich zudem auf deinen Angriff in Ruhe vorbereiten und hat damit die Möglichkeit, besser darauf zu reagieren, als wenn du ihn überraschend angreifst. Möglicherweise provoziert die Drohung auch einen unerwarteten Gegenschlag, von dem du wiederum überrascht wirst.

Drohen solltest du möglichst nur, wenn du die Drohung auch wahr machen kannst. Folgen nach einer Drohung dagegen nicht die angekündigten negativen Konsequenzen, ist es für deinen Gegner wie ein Sieg. Drohungen setzen dich in Zugzwang. Drohungen ohne Folgen schwächen deine Autorität. Vielleicht kennst du den Spruch: „Er startete als Tiger und landete als Bettvorleger".

Drohe nie mit unrechtmäßigen Mitteln, denn das wäre eine Straftat (Nötigung)! Ständige und wiederholte Drohungen bergen in sich eine Querulantengefahr (s.a. Kap. 10.3). Durch Drohungen kann es passieren, dass sich eigentlich neutrale Dritte auf die Seite des Bedrohten schlagen und ihm helfen wollen. Das nennt man auch „Beschützerinstinkt".

Drohungen können aber auch durchaus nützlich sein. Beispiel: Nehmen wir an, dein Gegner hat einen Rechtsbruch gegen dich begangen und du möchtest z.B. aus den in Kap. 11 genannten Gründe einen Gerichtsprozess lieber vermeiden. Dann mach dich schlau und sammle die Paragrafen zusammen, die deine Sichtweise untermauern. Damit verfasst du einen sachlichen Schriftsatz, der schon wie eine Klage aussieht und schicke ihn nicht ans Gericht, sondern an deinen Gegner. Auf diese Weise kann er so direkt erkennen, dass es ernst ist und kein bloßes Gebell. Schließlich brauchtest du das Schreiben ja nur noch dem Gericht zukommen zu lassen. Auch mit einem gerichtlichen Mahnverfahren kannst du möglicherweise Eindruck machen (s. Kap. 11.5).

Wenn dir selber gedroht wird, kannst du in bestimmten Fällen dafür sorgen, dass die Drohung nicht ausgeführt werden kann, bzw. darf. Wird dir z.B. gedroht, ein Nacktfoto o.ä. von dir ins Internet zu setzen, kannst du evtl. dagegen eine Einstweilige Verfügung beim Landgericht erwirken. Vorweg solltest du aber durch einen Anwalt eine Abmahnung verschicken (s.a. Kap. 11.6). Wichtig ist, deinem Gegner klar zum Ausdruck gebracht zu haben, dass sein Vorhaben rechtswidrig ist.

10.4 Auswege lassen

Ein wichtiger Grundsatz, den man sich merken sollte: Eine Bestrafung für falsches Verhalten zeigt dem Bestraften zwar, dass sein Verhalten für ihn nachteilig war, zeigt aber nicht, was er machen kann, um diesen Nachteilen zu entgehen. Nur die Belohnung für erwünschtes Verhalten bringt Erfolg (s. hierzu auch Kap. 10.13). Das gilt bei der Kindererziehung genauso wie im Kampf mit Gegnern. Auch im Kampf ist ja dein Ziel, eine Verhaltensänderung zu erreichen. Kurz gesagt: Der Gegner soll tun, was du von ihm willst.

Das Prinzip das ich meine, ist ganz einfach zu verstehen: Bestrafst du jemanden für unge-

Ein wahrer Feldherr ist
nicht kriegswütig
Ein wahrer Kämpfer ist nicht
zornmütig
Ein wahrer Bezwinger des Feinds nicht
streitsüchtig
Ein wahrer Lenker der Menschen aber
ist demütig.

Laudse: "Daudedsching", dtv bibliothek
(Lao-tse: "Tao-te-king")

wünschtes Verhalten, hat er i.d.R. immer mehrere Ausweichmöglichkeiten, der Bestrafung zu entgehen. Eine Möglichkeit wäre z.B., sich künftig nicht erwischen zu lassen oder sich durch Lügen aus der Affäre zu ziehen. Du willst aber etwas ganz bestimmtes für dich Sinnvolles und keine Ausweichstrategien des Gegners. Bringe deinen Gegner daher möglichst nicht in eine ausweglose Situation, sondern lasse stattdessen einen Weg offen, den er gehen kann (und soll), ohne bestraft zu werden.

Folgendes Vorgehen ist i.d.R. nicht empfehlenswert: Beispielsweise möchte jemand von einem anderen eine Unterlassung oder eine andere Verhaltensänderung. Statt erst einmal ruhig mit dem Gegenüber darüber zu reden, nimmt er sich ohne Vorwarnung einen Anwalt und lässt ihm eine Abmahnung mit einer zu unterzeichnenden Unterwerfungserklärung und einer Anwaltshonorarrechnung von über 1.000 Euro zukommen. Falls nicht unterschrieben wird, droht der Anwalt mit Klage. Für den so Angegriffenen bleibt also kein straffreier Ausweg und provoziert je nach Temperament einen eigentlich unnötigen, nervenaufreibenden Konflikt. Möglicherweise reagiert er mit typischem Ausweichverhalten, wie etwa einer Lügengeschichte, die er sich in aller Ruhe fürs Gericht zurechtlegt

Gericht zurechtlegt oder er geht zum Gegenangriff über, wie in Kap. 8 beschrieben.

Dieses Vorgehen ist nämlich im übertragenen Sinne so, als wenn man jemandem eine Pistole an den Kopf setzt und sagt: „Gib mir sofort dein Geld, dann erschieße ich dich auf der Stelle! Falls du dein Geld jedoch nicht rausrücken willst, darfst du erst mal ungehindert weiterlaufen, aber dann melde ich mich wahrscheinlich wieder und dann wirst du schon sehen...!"

Günstiger wäre anstatt einer teuren Abmahnung womöglich gewesen, dem Gegenüber zu vermitteln: „Mach besser, was ich dir sage, dann passiert dir nichts. Ansonsten beauftrage ich kostenpflichtig einen Anwalt." Auf diese Weise wird dem Gegner ein straffreier Ausweg gezeigt und eine Eskalation wird möglicherweise vermieden.

Auch hier muss man natürlich abwägen und den Gegner und die Situation möglichst genau analysieren. Es gibt Gegner oder Situationen, wo das nicht funktioniert, sondern wo sofort Klartext geredet werden muss, weil sonst Ansprüche verloren gehen.

10.5 Nicht den Kopf in den Sand stecken

Es gibt Auseinandersetzungen, bei denen schlicht die Psyche schlapp macht und die Nerven versagen. Man hält diesen „Scheiß" (in diesem Zusammenhang musste ich dieses Wort als Zitat ausnahmsweise wiedergeben) einfach nicht mehr aus und will einfach nur seine Ruhe haben. Da ist es naheliegend, wenn man einfach „zu" macht und sich nur noch um die schönen Dinge des Lebens kümmert, soweit dies überhaupt unter den Umständen gelingen kann. Praktisch bedeutet dies z.B.: Man öffnet die Briefe nicht mehr, die vom Gegner oder vom Gericht in dieser Sache kommen und schmeißt stattdessen alles in den Müll.

Wenn du dich dazu hinreißen lässt, hast du deinem Gegner den größten Gefallen getan, den du ihm nur tun kannst! Ich kann es verstehen, wenn man einen anstrengenden Kampf einfach abschütteln möchte, aber es ist der falsche Weg. Ich habe durch meine Arbeit von vielen Leuten gehört, dass sie alles, was von der GEZ kommt, ungelesen in die Ablage-Rund (Papierkorb) verbringen. Steckt dabei hinter so einem Umschlag ein „Gebührenbescheid" über zig Tausend Euro Nachzahlung und man reagiert nicht in fristgerechter und vorgeschriebener Weise, wird der Bescheid rechtskräftig, auch dann, wenn der

Bescheid sachlich falsch ist. Mein Eindruck ist nach zahlreichen Schilderungen, dass es in Deutschland tatsächlich Institutionen gibt, die es geradezu darauf anlegen.

Im privaten Verkehr kann dir jemand einen vom Amtsgericht überbrachten Gerichtlichen Mahnbescheid zukommen lassen. Das könnte auch irgend eine Phantasieforderung sein, die vollkommen unbegründet ist. Wenn du dem nicht widersprichst, hat der andere einen Vollstreckungstitel. So einfach geht das.

Viele Menschen scheuen auch davor zurück, genügend Energie in den Kampf zu stecken. Und „genügend" bedeutet meistens auch sehr viel Arbeit und sehr viel Zeit! Man neigt natürlich dazu, diese Zeit in Geld umzurechnen oder sagt sich vielleicht, dass man eigentlich auch Besseres zu tun hat, als sich mit so einem Mist zu plagen. Die Konsequenz aus einer ungenügenden Kampfmoral könnte jedoch eine schwere Niederlage sein, über die man lange Zeit nicht hinwegkommt.

Man kann die Sache auch positiv sehen: Mit jeder Anstrengung und jeder wohlüberlegten und gut vorbereiteten Aktion lernt man dazu und wird selbstbewusster. Kaum eine andere Tätigkeit fördert die Denkfähigkeit und Flexibilität des Gehirns so sehr, wie Kampf. Das wissen im übrigen auch die Asiaten mit ihren Kampfsportarten, die heutzutage mehr und mehr dazu dienen, vor allem den Geist zu schulen und nicht nur den Körper.

10.6 Verbündete suchen

In vielen Fällen kann es sinnvoll sein, sich Verbündete zu suchen. Oft ist man alleine schlicht überfordert, weil die Gegenseite perfekt auf eine Situation vorbereitet und vielleicht auch noch vollkommen skrupellos ist (vgl. auch Kap. 13.1 Behördenärger). Am naheliegendsten sind da natürlich Anwälte, Freunde, Verwandte oder Kollegen. Möglicherweise findet man Verbündete auch in Internetforen (s. Kap. 10.7). Denke aber auch an die Möglichkeit, sog. Ombudsleute einzuschalten, die sich professionell mit der Hilfestellung bei Streitigkeiten befassen und dabei für den Bürger eintreten.

Es gibt zahlreiche Möglichkeiten, sich bei Auseinandersetzungen mit Behörden oder mächtigen Privatunternehmen Hilfe von Ombudsleuten zu holen. Beispiele für Hilfen wären je nach Fall: Landes- oder Bundespetitionsausschuss, Landes- oder Bundesdatenschutzbeauftragte, Aufsichtsbehörden wie Staatskanzleien oder evtl. Abgeordnete. Auch Verbraucherzentralen, Mietervereine, Handwerkerinnungen, Ärztekammern, kirchliche

Stellen oder standesrechtliche Schiedsgerichte könnten in bestimmten Fällen helfen. Es kommt wirklich genau auf den einzelnen Fall an.

Auch wenn du meinst, dass viele der genannten Anlaufstellen nach dem „Krähenprinzip" funktionieren, kann es sinnvoll sein, diese Institutionen einzubeziehen, damit sie Kenntnis von dem Fall bekommen und so vielleicht die Summe der Fälle etwas ausrichteten kann.

10.7 Das Internet nutzen

Google einfach mal nach dem Thema deiner Auseinandersetzung oder nach dem Namen deines Gegners. Schaue bei Facebook, Xing oder anderen sozialen Netzwerken nach, ob du etwas über ihn findest. Zum Sachverhalt lade dir die einschlägigen Gesetze und Urteile herunter. Vielleicht findest du in Foren Gleichgesinnte, mit denen du dich austauschen kannst und wo du nützliche Argumente und Informationen erhältst. Drucke dir die wichtigst Ergebnisse aus und hefte sie dir sorgfältig ab (vgl. Kap. 10.8).

Speichere die Email-Adressen deiner Verbündeten (s.a. Kap. 10.6) in einem extra Adressbuch, so dass du schnell eine Verteilerliste herstellen kannst. So schaffst du dir die Möglichkeit einer schnellen und effektiven Kommunikation.

In bestimmten Fällen ist der Einsatz einer Offenen Email zu prüfen (s. Kap. 13.3).

10.8 Akten, Fakten und Ideen

Nicht nur für die Übersichtlichkeit, sondern auch für die Überzeugungskraft gegenüber Anderen ist es wichtig, sich eine gut sortierte Akte und eine wohl strukturierte Faktensammlung anzulegen. Ideen sollten sofort notiert werden, sobald sie kommen und später sauber katalogisiert werden.

<u>Zunächst zur Akte:</u>

Rechne damit, dass die Sache langwierig und sehr umfangreich werden kann - selbst dann, wenn du glaubst, dass der Fall zu deinen Gunsten sonnenklar ist. Besorge dir also gleich zu Beginn einen dicken, mit großem Bügel versehenen Ordner, der es erlaubt, später eintreffende Dokumente (z.B. Beweise) zwischendrin problemlos einzufügen. Sortiere den gesamten Vorgang chronologisch mit allen anfallenden Schriftsätzen, Einschreibebelegen, Briefumschlägen (Poststempel) u.s.w.. Nimm dir die Zeit, die bereits angefallenen Dokumente zusammenzusuchen und einzusortieren.

Zur Faktenlage:

Notiere dir die Ereignisse in einer Art Tagebuch, in dem du aufschreibst, wann was geschehen ist, wann wer was gemacht hat und wann du selbst was und wo unternommen hast. Benenne dabei genau das Datum und die Uhrzeit und den Ort, ggf. auch Zeugen. Mache Telefonnotizen, vermerke zusätzliche Beobachtungen, die dir aufgefallen sind sowie Bemerkungen und Kommentare.

Ideensammlung:

Vielleicht kommen dir ganz früh morgens, noch vor dem Aufstehen, gute Gedanken, die zur Lösung des Streitfalles beitragen könnten. Hierzu gehören auch Fragen zu der Sache, die man gerne mal mit jemanden bei entsprechender Gelegenheit klären möchte.

Ich hatte mich einmal Nachts um 5 Uhr daran erinnert, dass ich noch Ausschussfotos besaß, die klar bewiesen, dass die Gegenseite per Eides statt gelogen hatte. Ohne diese Fotos, die nur ich kannte, wäre die Sache viel schwieriger gewesen, da Aussage gegen Aussage stand.

Also: Egal, wo du dich gerade befindest, ob du beim Joggen bist oder in der Hängematte liegst - schreib alles sofort auf, was dir an Ideen in den

Sinn kommt. Die besten Einfälle kommen oft gerade dann, wenn man entspannt ist und überhaupt nicht damit rechnet. Du solltest also immer Zettel und Schreiber mit dir führen und auch neben deinem Bett platzieren.

Wenn du diese drei Hinweise zu Akten, Fakten und Ideen beherzigst, hast du den Fall zumindest immer fest im Blick und du kannst Dritten gegenüber (z.B. dem Richter oder der Richterin) stets jede gewünschte Auskunft geben. Manchmal kommt durch diese klare Übersicht sogar eine Idee auf, die sonst verborgen geblieben wäre.

10.9 Sichere Versandarten

Auch Post kann verschwinden. Wie das im Einzelfall geschieht, wird man wohl nie ergründen können. War es deinem Gegner einfach vorteilhafter, deinen Brief „nicht zu erhalten" oder hat vielleicht der Briefträger sein Fahrrad mit aufgeklappter Brieftasche längere Zeit unbeaufsichtigt auf der Straße stehen lassen? Keiner weiß es.

Ein sicherer Versandweg muss nicht unbedingt teuer oder umständlich sein. Ich selbst bevorzuge bei fast allen wichtigen Versendungen eine Kombination aus Vorab-Fax und normalem Brief. Das Vorab-Fax hat den Vorteil, dass es erstens sofort bei Empfänger ankommt und zweitens, dass man auch gleich einen Beleg erhält. Bei Briefen ans

Gericht ist das Fax fristwahrend. Den Postbrief sollte man schon wegen der Original-Unterschrift zusätzlich versenden.

Briefe ans Gericht kannst du dort auch persönlich übergeben. Entweder in der Geschäftsstelle, wo du auch einen Stempel erhältst oder außerhalb der Geschäftszeiten im Gerichtsbriefkasten.

Auch eine Email liefert einen Beleg, den man im Versende-Ordner findet und den du dir am besten mit allen Kopfzeilen ausdrucken solltest. Aber: Manche Emails verschwinden irgendwo im Nirwana. Ich habe schon oft erlebt, dass Emails verschwinden. Falls der Adressat allerdings auf deine Email antwortet, hast du wieder einen guten Beleg. Man darf auch nicht vergessen, dass manche Leute einen Spamfilter so merkwürdig eingestellt haben, dass auch Mails mit gut gekennzeichneter Betreffzeile dort hineinwandern.

Normale Emails sind aber im Streitfall grundsätzlich kein rechtskräftiger Weg der Übermittlung.

Nun zum Einschreiben: Es gibt Einwurfeinschreiben, bei denen lediglich der Briefträger unterschreibt, dass er den Brief zugestellt hat. Diese Versandart hat dann Vorteile, wenn die Person, die man anschreiben will, möglicherweise gerade nicht am Platz ist und die Post trotzdem zugestellt werden soll. Normalerweise ist es aber besser, wenn die angeschriebene Person selbst unterschreibt oder notfalls mit Personalausweis bei der Post erscheinen muss, also ein Übergabeeinschreiben.

Damit du selbst einen Beleg über die erfolgreiche Zustellung erhältst, solltest du in schwierigen Fällen die Versandart Einschreiben mit Rückschein verwenden. Falls du einen besonders dreisten Gegner hast, hole dir einen Zeugen, der bestätigt, dass du auch wirklich den Schriftsatz und nicht bloß Klopapier in den Umschlag getan hast.

Noch sicherer und auch besonders eindrucksvoll ist die Zustellung durch das Amtsgericht. Der Brief wird dann per Gerichtsvollzieher überreicht. Der Gerichtsvollzieher fertigt, nachdem er das Schriftstück erhalten hat, eine beglaubigte Kopie an und verbindet das Original dauerhaft mit der Zustellurkunde. Über den tatsächlichen Inhalt des Schreibens kann also kein Zweifel mehr bestehen. Der Empfänger bekommt die Kopie und das Original geht zusammen mit der Zustellurkunde zurück an den Absender. Diese Methode gilt als absolut zuverlässig.

Eines solltest du auf gar keinen Fall tun: mit deinem Gegner telefonieren oder mit ihm persönlich sprechen. Du kannst später nie beweisen, was gesagt wurde und so ein Gespräch kann böse enden!

10.10 Vorsicht Unterschrift!

Kürzlich bekam ich einen mächtigen Schrecken über mich selbst. Ich hatte mir im Versandhandel einen Heimtrainer bestellt und durch eine Spedition anliefern lassen. Der Zusteller hatte es sichtlich eilig wieder weiter zu kommen und reichte mir zwei Blätter zur Unterschrift vor. „Bitte unterschreiben Sie hier und hier." Und ich tat es, ohne mir die Dokumente genauer anzusehen, geschweige denn, sie komplett durchzulesen.

Als der Zusteller weg war, wurde mir erst richtig klar, was geschehen war: Ich hatte 2 Dokumente unterschrieben, obwohl doch eigentlich nur 1 Empfangsbestätigung gefordert wird. Was war auf dem 2. Zettel? Auch wenn später durch einen Anruf bei der Spedition schnell geklärt werden konnte, dass sowohl das Versandhaus, als auch die Spedition je eine Bestätigung benötigten und damit wohl alles in Ordnung war - es war blanker Leichtsinn von mir, diese Unterschriften ohne Durchsicht zu leisten.

Einer der Blätter hätte z.B. enthalten können: „Hiermit bestätige ich, Bernd Höcker, dass ich Herrn Xy 100.000,- Euro schulde. Ich werde diese Schuld in monatlichen Raten von 500,- Euro abzahlen." Oder: „Hiermit melde ich mich unwiderruflich beim Beitragsservice von ARD und ZDF an."

Man sollte also immer genau prüfen, was man unterschreibt - auch wenn es Zeit kostet und anderen auf die Nerven geht.

10.11 „Lerne klagen ohne zu leiden!"

Mir kommt es manchmal so vor, als ob manche gerichtlichen Unterlassungsklagen gegen Journalisten, Kommentatoren oder Blogger nur dazu dienen, sie mundtot zu machen oder finanziell zu ruinieren. Leider sind die Deutschen Gerichte viel zu schnell dabei, entsprechende Verbote auch tatsächlich zu erlassen und damit auch künftige Kläger zu ermuntern. Ich bezweifle in sehr vielen Fällen, dass die Kläger sich tatsächlich „verletzt" gefühlt haben, wenn sie eine „Verletzung ihrer Persönlichkeitsrechte" proklamieren. Klagen auf Unterlassung, Schmerzensgeld oder Schadenersatz ist mittlerweile ein ganz übles Geschäft geworden, das von der Anwaltsbranche in den letzten Jahren zum Teil auch ganz gezielt als ein Unterdrückungsinstrument gegen finanziell Schwache eingesetzt wird. Ganze Großkanzleien leben heute davon, unbescholtene Bürger wegen absoluter Kleinigkeiten mit kostenpflichtigen Abmahnungen zu drangsalieren - da „leidet" niemand, da ist auch keiner „verletzt", da soll nur abkassiert und eingeschüchtert werden.

Aber nicht nur in so krassen Fällen greift das Zitat aus der Überschrift. Die meisten Streitigkeiten funktionieren nach diesem Prinzip! Es werden dabei Kleinigkeiten aufgebauscht, um damit eine bessere Verhandlungsposition gegenüber dem Gegner oder der Gegnerin zu erlangen. Es fällt dann relativ leicht, wieder von etwas abzurücken, was man sowieso nicht für besonders wichtig erachtet hat.

Beobachten kann man dies regelmäßig auch bei Tarifverhandlungen. Die Gewerkschaft will üppige 6% mehr Lohn und die Arbeitgeber sind bereit, den Lohn um gerade mal 0,5% zu erhöhen. Die Arbeitgeber sagen zu den Gehaltsforderungen der Gewerkschaft, dass es bei einer Erhöhung über 1% zu einer Masseninsolvenz in der Branche kommen würde. Die Gewerkschaft hält dagegen, dass das allermindeste eine 5%ige Erhöhung sei, weil die Arbeitnehmer sonst verhungern würden und nicht mehr mit dem Bus zur Arbeit fahren könnten. Man einigt sich dann trotzdem auf 3,5% und alle sind zufrieden. Zugegeben eine etwas zugespitzte Darstellung, aber so laufen im Prinzip die Tarifverhandlungen.

„Lerne klagen ohne zu leiden" findet sich übrigens auch unter den 36 Strategemen wieder: Es ist das Strategem Nr. 34 (siehe Kap. 10.12). Man sollte also auch die Kunst beherrschen, zu erkennen wann sein Gegenüber sein oder ihr Leiden lediglich simuliert, um einen Vorteil zu erringen.

Ich will dich jetzt sicher nicht dazu ermuntern, diese „Technik" exzessiv selber anzuwenden, aber man kann sich diesem Mechanismus, der davon ausgeht, nicht wirklich entziehen. Er gehört in nahezu jeden Konflikt.

10.12 Strategeme verstehen und anwenden

Strategeme sind Strategien mit Hintergedanken, man könnte auch sagen, es sind listige Strategien. Das Wissen über sie ist unabdingbar, denn nicht nur wir selbst können sie anwenden, sondern auch der Gegner - und womöglich tut er es gerade!

Hervorgebracht haben die „36 Strategeme" die Chinesen unter Einbeziehung von Kriegsstrategien, etwa von Sun Zu. Insbesondere Harro von Senger hat die 36 Strategeme ins Deutsche übersetzt und für das deutsche Denken begreifbar gemacht.

Erkennen wir beim Gegner, dass er das eine oder andere Strategem anwendet, können wir besser auf seine Vorgehensweise reagieren, als wenn wir blind für Strategeme wären. Wir könnten ihn auch mit der Zurschaustellung seiner List öffentlich anprangern, um so unsererseits Nutzen daraus zu ziehen.

Die Verwendung von Strategemen ist in unseren täglichen Auseinandersetzungen ohnehin gang und gäbe - wir nennen sie nur nicht so. Oftmals wird listiges Vorgehen gleichgesetzt mit unmoralischem Verhalten. Das kann sein, muss aber nicht. Listen sind in Auseinandersetzungen wie Waffen: Sie können Unheil bringen oder Gerechtigkeit erkämpfen. Es liegt nur daran, wer sie anwendet und zu welchem Zweck. Nur mit einer List konnte David über Goliat obsiegen. Andersherum haben frühere Kriege nahezu ohne List stattgefunden. Da standen sich die Soldaten in Reihen ganz offen in Reih und Glied gegenüber und feuerten aufeinander. Natürlich fielen die Soldaten auf beiden Seiten um wie die Dominosteine. Das heißt: Ohne List ist man im Kampfe ungeschützt und kann ganz leicht besiegt werden - insbesondere wenn der Gegner insgesamt mächtiger ist, als man selbst.

Jede Kriegsführung gründet auf Täuschung. Wenn wir also fähig sind, anzugreifen, müssen wir unfähig erscheinen; wenn wir unsere Streitkräfte einsetzen, müssen wir inaktiv scheinen; wenn wir nahe sind, müssen wir den Feind glauben machen, dass wir weit entfernt sind; wenn wir weit entfernt sind, müssen wir ihm glauben machen, dass wir nahe sind.

Sun Tsu: "Die Kunst des Krieges"; Nikol Verlag

Hier die Übersicht der 36 Strategeme:

Quelle: Wikipedia

1 Den Kaiser täuschen und das Meer überqueren
2 Wei belagern, um Zhao zu retten
3 Mit dem Messer eines Anderen töten
4 Ausgeruht den erschöpften Feind erwarten
5 Ein Feuer für einen Raub ausnutzen
6 Im Osten lärmen, im Westen angreifen
7 Etwas aus einem Nichts erzeugen
8 Heimlich nach Chencang marschieren
9 Das Feuer am gegenüberliegenden Ufer beobachten
10 Hinter dem Lächeln den Dolch verbergen
11 Der Pflaumenbaum verdorrt anstelle des Pfirsichbaums
12 Mit leichter Hand das Schaf wegführen
13 Auf das Gras schlagen, um die Schlange aufzuscheuchen
14 Für die Rückkehr der Seele einen Leichnam ausleihen
15 Den Tiger vom Berg in die Ebene locken
16 Will man etwas fangen, muss man es zunächst loslassen
17 Einen Backstein hinwerfen, um Jade zu erlangen
18 Den Gegner durch Gefangennahme des Anführers
unschädlich machen
19 Das Brennholz heimlich unter dem Kessel wegnehmen
20 Das Wasser trüben, um die Fische zu ergreifen
21 Die Zikade wirft ihre goldglänzende Haut ab
22 Die Türe schließen, um den Dieb zu fangen
23 Sich mit dem fernen Feind verbünden, um
Nachbarn anzugreifen
24 Einen Weg für einen Angriff gegen Guo ausleihen.
25 Die Balken stehlen und gegen morsche Stützen
austauschen
26 Die Akazie schelten, dabei aber auf den Maulbeer-
baum zeigen
27 Verrücktheit mimen, ohne das Gleichgewicht zu verlieren
28 Auf das Dach locken, um dann die Leiter wegzuziehen

Nun zu den praktischen Beispielen

Unter meiner Internetadresse www.gez-abschaffen.de/gez-Polizist.htm habe ich beschrieben, wie das Strategem Nr. 28 *„Aufs Dach locken, um dann die Leiter wegzuziehen"* angewendet werden kann. Mir wurde damals (am 9.12.2010) vom NDR eine schriftliche Aufforderung zugesandt, dass ich mich doch nun endlich als Gebührensklave bei ihnen anmelden sollte. Immerhin habe - und nun kommt's: ein Polizist(!) in meinem Auto ein Autoradio ermittelt. Man habe mich daher nun rückwirkend zum Juli 2008 angemeldet. Die GEZ würde mir demnächst eine Rechnung schicken. Das tolle daran war, dass dies ein echter Hamburger Polizist ermittelt hatte und dass ich seit Mitte 2009 überhaupt kein Auto mehr besaß. Ich brauchte jetzt nur noch zu warten, bis sich der NDR auf das sprichwörtliche *„Dach"* begeben hatte und ich die *„Leiter"* wegziehen konnte. Dieser Moment war im Mai 2011 gekommen, als der NDR aufgrund dieser Daten einen belastenden Verwaltungsakt in Form eines Gebührenbescheides gegen mich erlies. Erst dann habe ich die Sache an die Öffentlichkeit gebracht und konnte im Ergebnis mit dem NDR-Justitiar auf friedlichem Wege sämtliche bis dahin aktuellen Streitigkeiten in einem Vergleich lösen. Vorher hatte nämlich der NDR in einer anderen wichtigen Sache die Nase vorn. Für mich war das ein großer Vorteil!

Besonders perfide scheint mir das Strategem Nr. 34 zu sein: *„Die List der Selbstverstümmelung"* (auch genannt: *„Strategem des leidenden Fleisches")* Hier geht es darum, sich ggf. selber Verletzungen zuzufügen oder diese durch die Gegenseite zu provozieren. Beispiele sind Kriege, in denen eine Partei ihre Waffen und Soldaten in Kindergärten oder Krankenhäusern unterbringen. Sie bedienen sich dabei menschlicher Schutzschilde und beabsichtigen dabei gleich zweierlei: Der Feind soll Skrupel haben, mit voller Feuerkraft gegen sie vorzugehen und gleichzeitig sollen möglichst auch viele der (eigenen!) wehrlosen Kinder und Patienten getötet werden, um damit unterstellen zu können, dass die Gegenseite gezielt Unschuldige tötet. Dieses Strategem geht natürlich nur auf, wenn es genügend dumme Menschen gibt, die diese listige Strategie nicht durchschauen.

Und dererlei Menschen gibt es leider unendlich viele. Man nennt sie „Gutmenschen".

Hier nun ein letztes Beispiel für den Moment: Das Strategem Nr. 27 *„Verrücktheit mimen ohne das Gleichgewicht zu verlieren"*. Verrücktheit bedeutet hier auch geistigen oder körperlichen Mangel, Untertreibung seiner eigenen Fähigkeiten. Inspektor Colombo aus der gleichnamigen Fernsehserie verstand es hervorragend, die Verdächtigen mit diesem Strategem zu bluffen und sie zu Fehlern zu verleiten. Er gab sich verschroben und etwas dämlich.

Geht ein Gegner davon aus, dass du ein bisschen blöd bist, gibt er sich nicht so viel Mühe, seine besten Möglichkeiten gegen dich einzusetzen. Wenn dich ein Gegner oder deine Gegnerin unterschätzt, führt dies dazu, dass er oder sie sich selbst überschätzt. Sehr deutlich wird dieses Strategem im Susan-Boyle-Effekt, der sich mittlerweile rumgesprochen hat. Gebe hierzu folgenden Link ein - und halte dazu bitte ein frisches Taschenbuch bereit:

www.youtube.com/watch?v=RxPZh4AnWyk

Du findest weitere Beispiele zum Thema Strategeme in Verbindung speziell mit der GEZ im Kap. 6.25 in meinem Buch „Erfolgreich gegen den Rundfunkbeitrag 2013".

Darin habe ich beschrieben, wie die Anstalten mit dem Strategem Nr. 7 *„Etwas aus einem Nichts erzeugen"* an Geld herankommen oder mit dem Strategem Nr. 4 *„Ausgeruht den erschöpften Feind erwarten"* den verunsicherten und genervten Bürger drangsalieren können. Die perfideste Form der Strategemanwendung beweisen die Anstalten mit Nr. 16 *„Will man etwas fangen, muss man es zunächst loslassen"*: Menschen, die sich abgemeldet haben, werden zunächst in Ruhe gelassen und erst nach Jahren wird behauptet, die Abmeldung sei nicht angekommen und die Gebühr für den Zeitraum nachverlangt.

Wie wir uns Bürger gegen die Rundfunkanstalten wehren können, habe ich in dem genannten Buch anhand der Strategeme 15, 18 und 30 beschrieben.

Das Buch, das ich zum Thema Strategeme insbesondere empfehle ist: Harro von Senger „36 Strategeme für Manager".

10.13 Grundlagen der Verhaltenspsychologie

In der Regel ist es so: Wenn du mit jemandem Streit hast, möchtest du, dass er oder sie unerwünschtes Verhalten ändert. Und zwar dahingehend, wie du es gern hättest. So einfach lassen sich fast alle Konflikte beschreiben. Schuldet dir jemand Geld, möchtest du sein Verhalten dahingehend verändern, dass er oder sie das Geld endlich rausrückt. Auch das wäre eine Verhaltensänderung in diesem Sinne. Auch Richter sollen aufgrund deines Schriftsatzes „lernen", dass du Recht hast und entsprechend urteilen (handeln).

Es ist daher immanent wichtig, etwas über die Gesetzmäßigkeiten des Verhaltens zu wissen. Selbst Auseinandersetzungen, die juristisch geführt werden, sollten daher verhaltenspsychologisch vorbereitet und begleitet werden. Das ist zumindest meine Beobachtung und Erfahrung.

Grundlage der Verhaltenspsychologie sind die Forschungsergebnisse von B. F. Skinner, die heute erfolgreich in der Verhaltenstherapie, in der Werbung und in anderen Bereichen des täglichen Lebens eingesetzt werden. Da diese Wissenschaft sehr komplex ist (ich habe mich während meines ersten Studiums ca. 10 von 18 Semestern damit beschäftigt), möchte ich hier nur ganz kurz darstellen, worum es geht.

Erwünschtes Verhalten erreicht man dadurch, dass man es belohnt (verstärkt). Unerwünschtes Verhalten verhindert man hingegen nicht allein dadurch, wenn man es bestraft. Das klingt zunächst ungewöhnlich. Strafe schließt aber lediglich ein bestimmtes Verhalten aus, zeigt jedoch kein alternatives Verhalten auf.

Wird also beispielsweise jemand für einen Banküberfall mit Gefängnis bestraft, erhofft sich die Justiz und die Gesellschaft dadurch, dass er lernt, keine Banküberfälle mehr zu begehen. Tatsächlich hat der Bestrafte aber nun eine ganze Reihe von Möglichkeiten, künftig der Strafe zu entgehen, ohne auf seine geliebten Banküberfälle verzichten zu müssen. Er analysiert etwa die Fehler, die er bei seinem letzten misslungenen Coup gemacht hat und die zu seiner Überführung beigetragen haben. Mögliches Ergebnis: Er macht es nächstes Mal dann einfach „besser" - er erschießt vielleicht den Wachmann, um sich seine Flucht zu sichern, was sicherlich nicht im Sinne der Strafe ist. Haft (Strafe) ist zwar oft unverzichtbar, darf aber nicht ohne positive Alternative zu den bisherigen Geldbeschaffungsmaßnahmen des Häftlings bleiben. So muss ihm während der Haft ein berufsbezogenes Angebot gemacht werden. Während seiner Berufsausbildung im Gefängnis bekommt er dann seine Belobigungen und sonstigen Vorteile (Verstärkungen) und erlebt dabei, dass es sich lohnt, in einem ehrlichen Beruf zu arbeiten. Wenn er raus kommt, hat er beides erfahren: eine Abschreckung bezüglich der Banküberfälle und eine Alternative, mit der er künftig seinen Lebensunterhalt bestreiten kann.

Die Essenz daraus lautet also: Abschrecken <u>und</u> Alternativen schaffen. Bestrafung und Abschreckung allein können zu unerwünschten Nebenwirkungen führen und zeigen keinen gangbaren Weg auf.

10.14 Mentale Begleitung im Kampfe

Du bist jetzt in einer Situation, in der sich dein Denken wahrscheinlich ständig um deinen Konflikt dreht. Dies ist alles andere als ein gesunder Zustand. Versuche daher mit der Situation konstruktiv umzugehen. Nutze einerseits den Zorn der in dir ist, als Motor für deine Aktivitäten und verschaffe dir andererseits entspannte Momente zur Erholung und Sammlung. Den Zorn besiegen oder unterdrücken wirst du nicht können. Das wäre auch nicht sinnvoll. Du solltest ihn aber beherrschen und nicht er dich. Sollte der Zorn Macht über dich bekommen, kannst du nicht mehr rational denken und handeln. Betrachte den Zorn als Energiequelle und als Motor. Er treibt den Wagen an, den allein du steuerst. Er gibt die Kraft, du bestimmst die Richtung. Das bedeutet so manches mal auch Zeit gewinnen, bevor du handelst. Schicke z.B. nie einen Brief raus, ohne eine Nacht drüber geschlafen zu haben. Lass ggf. Freunde deine Schriftsätze gegenlesen, wenn du diese in „kochendem" Zustand geschrieben hast.

Ein schönes Bild, um mehr Gelassenheit zu bekommen: Stell dir dich selbst als einen massiven Felsen vor, gegen den dein Gegner Steine wirft. Schmeißt er sie sanft, fallen sie einfach an dir ab. Wirft er hart, prallen sie jedoch mit gleicher Wucht zurück. Sie treffen ihn umso härter, je stärker er wirft. Nimm als Beispiel den Fall mit dem Sportbekleidungshersteller aus Kap. 8. Dadurch, dass dieses mächtige Unternehmen gleich mit seiner gesamten Kavallerie angegriffen hatte, zerstörte es sein eigenes Image.

Sei zugleich vorsichtig, dass nicht du selbst der Steinewerfer wirst, dem seine eigenen Geschosse wieder um die Ohren fliegen. Zauberworte sind in jedem Konflikt: Angemessenheit und Verhältnismäßigkeit.

Harte Konflikte lösen das sog. Aktivierungssyndrom aus, das den Körper wie in uralten Zeiten kampfbereit macht. Heute kämpfen wir aber nicht mehr mit Körpereinsatz, sondern mit dem Geist. Wir müssen die Körperfunktionen also wieder irgendwie runterfahren bzw. in geeignete Bahnen lenken: Joggen, tanzen bei lauter Musik, Sandsacktraining oder lange Spaziergänge bei Wind und Wetter. Mich stärken auch Yoga-Übungen und Entspannung unter der beruhigenden Stimme meiner Yogalehrerin. Suche dir Orte, an denen du Kraft und Ruhe tanken kannst.

Lade Freunde ein und spreche mit ihnen über alles mögliche, nur nicht über deinen Konflikt. Lies ein spirituelles Buch wie etwa „Eine neue Erde" von Eckhart Tolle.

Wenn du wichtige Termine hast, wie etwa eine Gerichtsverhandlung oder eine direkte Konfrontation mit deinem Gegner, achte auf leichte Ernährung, bereite dich am Tage vorher sachlich auf die Situation vor, entspanne dich aber am Abend und gehe dann rechtzeitig ins Bett.

Kraft tanken!...

...nur 2 Seiten Werbung!

Seit 2013 haben wir den sog. Rundfunkbeitrag, gelegentlich auch "Haushaltsabgabe" genannt, weil sich die Zahlungspflicht auf Wohnungen und nicht mehr auf Rundfunkgeräte bezieht. Dieser Rundfunkbeitrag ist also die Verpflichtung, die finanziellen Bedürfnisse der Mitarbeiterinnen und Mitarbeiter des öffentlich-rechtlichen Rundfunks zu befriedigen, nur weil man am Leben ist und weil man eine Wohnung hat. Ohne jeglichen Bezug zu einer Leistung.

So stellen es sich zumindest unsere "Volksvertreter" vor. Wir alle haben nach der Vorstellung unserer Volksvertreter das feudale Leben der Fernsehstars und Fußballprofis zu bezahlen. Wir sind Sklaven, die alles finanzieren müssen und nichts entscheiden dürfen.

Die Akzeptanz der Rundfunkgebühr und die Zahlungsmoral ist in den letzten Jahren stark gesunken und tendiert gerade bei jungen Menschen gegen Null. Eine alte Diktatorenweisheit lautet: Wenn die Menschen nicht freiwillig bleiben, müssen sie eingemauert werden. Das wusste auch schon Walter Ulbricht. So ist die Haushaltsabgabe also die logische Gegenwehr gegen das eigene Ende. Der geräteunabhängige Rundfunkbeitrag soll in Analogie zur Berliner Mauer jedes Entkommen, jede Flucht der Deutschen aus der Mediendiktatur verhindern.

Es gibt aber keine Mauern, die undurchdringlich sind. Je perfekter die Menschen von einer Mauer eingeengt werden, desto mehr dürsten sie nach Freiheit! Es wird immer Schlupflöcher, Tunnel und Risse sowie Fluchthelfer und Überflieger geben! Je größer der Wunsch nach Freiheit, desto größer ist auch die Schöpferkraft. Das können und konnten auch die totalitärsten Systeme nicht verhindern!

Auch die Haushaltsabgabe ist zu knacken und dieses Buch zeigt, wie!

Bernd Höcker

Erfolgreich gegen den Rundfunkbeitrag 2013

So gelingt die Flucht!

So gelingt die Flucht aus dem System

Höcker Verlag

ISBN: 978-3-9811760-6-3
112 Seiten
8,90 Euro

11 Kämpfen mit juristischen Mitteln

Bevor du dich entschließt, mit juristischen Mitteln gegen deinen Gegner vorzugehen, solltest du dir über ein paar Dinge im Klaren sein.

11.1 Recht versus Moral

Die leider falsche Vorstellung der meisten Bürger lautet: Recht bedeutet Gerechtigkeit. Das geschriebene Recht ist aber nichts weiter als schnödes Menschenwerk - von egoistischen Interessen und nur selten von Moral geleitet. Es gibt in der Bundesrepublik Deutschland Gesetze, die so ungerecht und unmenschlich sind, dass man sie in einer Demokratie eigentlich umgehend verbieten und dessen Urheber und Beschließer schwer bestrafen müsste. Einzelheiten erspare ich mir hier aus Platzgründen.

Wer sich also juristisch wehren will, sollte vorher genau die tatsächliche Rechtslage klären. Vor Gericht gilt nur die Rechtslage und nicht die Moral. Und auch das gilt es zu beachten: Richter und Richterinnen sind auch nur Menschen mit eigenen Interessen und Wertevorstellungen.

11.2 Recht haben, bekommen, durchsetzen

Jeder weiß, dass man nicht immer vom Gericht Recht bekommt, obwohl man Recht hatte. Dafür sind verschiedene Gründe verantwortlich. Nicht immer sind Fehlurteile eines Richters oder einer Richterin schuld, wenn ein nach allgemeinem Rechtsverständnis falsches Ergebnis eines Rechtsstreits am Schluss herauskommt. Aber auch das gibt es natürlich. In aller Regel hat es aber rechtsformale Gründe, wenn das Recht nicht zum Zuge kommt.

Recht besteht nämlich aus drei Stufen:

1. Das sog. materielle Recht, also das, was wir allgemein als Recht kennen. Hierzu zählt etwa das Bürgerliche Gesetzbuch (BGB). Dort steht, was man gegenüber seinen Mitmenschen darf oder tun muss und was man nicht darf.

2. Das Prozessrecht. Damit wird geregelt, wie Gerichtsprozesse formal abzulaufen haben. In der Zivilprozessordnung (ZPO) sind Verfahrensbestimmungen festgelegt, die bei einer Verhandlung angewendet werden müssen, bei denen es sich z.B. um Streitigkeiten nach dem BGB handelt.

3. Vollstreckungsrecht. Wenn ein Prozess gewonnen wurde, muss das Urteil ja auch vollstreckt werden können. Auch hier gelten eigene Regeln.

Das Problem, Recht zu haben, aber nicht zu bekommen, kann etwa daran liegen, einen Paragrafen nicht richtig verstanden zu haben (s.a. Kap. 11.10). Vielleicht hat sich auch eine spezielle Rechtssprechung herausgebildet, die nur Juristen richtig einschätzen können. Das gehört zum materiellen Recht.

Zum Prozessrecht gehört, wenn in einer Klageschrift ein „falscher" Antrag gestellt wird (s.a. Kap. 11.3). Auch die falsche Gerichtswahl oder die Ignorierung von Anwaltszwängen vor höher instanzlichen Gerichten, Fristmissachtung oder unerlaubtes Fernbleiben vom mündlichen Verfahren gehört dazu.

Auch wer die Hürden 1 und 2 genommen hat, kann noch Schlimmes erleben: Hat der Prozessgegner oder die Prozessgegnerin kein Geld, kann man auch nichts holen. Du bleibst dann möglicherweise sogar noch auf den Anwalts- und Gerichtskosten sitzen, obwohl du gewonnen hast. Wie man seinen gerichtlichen Titel durchsetzen kann, wird wiederum im Vollstreckungsrecht geregelt. Das ist wieder ein gesondertes Verfahren mit eigenen Regeln, die zum Teil in der ZPO zu finden sind

11.3 Klagen oder klagen lassen

Um es kurz zu machen: Klagen ist schwerer und gefährlicher, als verklagt zu werden. Das geht schon bei dem Klageantrag los. Eine Klage besteht immer aus einem Antrag und einer Begründung. Der Antrag muss so formuliert sein, dass er so wie er ist, auch zwangsvollstreckt werden kann. Sonst geht die Klage verloren.

Ich kenne den Arbeitsrechtsfall einer Redakteurin wegen Mobbing, wo die Klage wegen eines zu ungenauen Klageantrags vom Gericht als unzulässig zurückgewiesen wurde (Arbeitsgericht Bielefeld vom 5.3.2002, AZ: 5 Ca 2555/01). Warum verlor sie? Sie hatte beantragt,

„die Beklagte zu verpflichten, ihr als Redakteurin in einer der beiden Lokalredaktionen der Beklagten einen konkreten eigenverantwortlich zu bearbeitenden Arbeitsbereich zuzuweisen und sie insbesondere über alle Belange dieses Arbeitsbereichs zu informieren sowie ihr die dazugehörende Post, Termine und die eingehenden Telefonate zur selbstständigen Bearbeitung zu übermitteln."

Das Gericht wies diese Klage wegen eines „nicht bestimmten" Klageantrags als unzulässig ab. Als „zu unbestimmt" wurden u.a. folgende Begriffe dieses Antrags benannt: *„eigenverantwortlich zu bearbeitender Arbeitsbereich"*, da weder klar sei, was „eigenverantwortlich" meine, noch was unter

„Arbeitsbereich" zu verstehen sei. Außerdem sei unklar, was *„über alle Belange des Arbeitsbereichs"* informiert zu werden, bedeuten solle.

Man sieht an diesem Beispiel, dass allein das Risiko eines falsch gestellten Antrags die Fragestellung des Ob oder Obnicht eines Gerichtsprozesses beeinflussen muss. An so einem Fall erkennt man, warum Recht haben und Recht bekommen so unterschiedlich sein können.

Im Gegensatz zum Kläger braucht der Beklagte i.d.R. nur folgenden Antrag stellen: *"Ich beantrage, die Klage abzuweisen."* - Mehr nicht. Der Rest folgt unter der Überschrift „Begründung". Noch ein Nachteil beim Kläger: Er muss die Gerichtskosten und ggf. seine Anwaltskosten vorschießen. Der Beklagte nur seine Anwaltskosten. Später muss natürlich sowieso der Unterlegene die Kosten übernehmen.

Wenn du also die Möglichkeit hast, deinen Gegner in die Klägerrolle zu zwingen, tu es. Nehmen wir mal den Fall, jemand hat dich im Internet mit einer üblen Methode abgezockt und droht dir nun mit rechtlichen Schritten und mit Säumniszuschlägen, wenn du nicht auf der Stelle zahlst. Viele Menschen geben dann aus Angst nach und zahlen den Betrag. Damit befindet sich ihr Geld auf dem Konto des Gegners und ist erstmal weg.

Wer es später wiederhaben möchte, muss klagen, was wiederum viel Zeit, Geld und Nerven kostet. Und das noch mit ungewissem Ausgang.

Daher sollte man ungerechtfertigte Forderungen nie bezahlen. Lass sie doch klagen! Wenn's Betrüger sind, werden sie's bestimmt nicht tun. Meistens versuchen sie nur, durch Drohungen an Geld zu kommen. Mal klappt's, mal nicht.

Nochmal zur Klagebegründung. Halte keine Fakten zurück, sondern lege all deine Argumente sofort schon im ersten Schriftsatz offen. Oft entscheidet dieser bereits über das Bild, welches sich der Richter oder die Richterin macht und damit auch schon über das Ergebnis. Lege alle Beweise als Anlage bei. Versuche komplizierte Sachverhalte so einfach wie möglich wiederzugeben. Stell dir vor, du musst diesen Sachverhalt einem Sonderschüler beibringen. Klagen hat etwas immanent pädagogisches: Der Richter soll lernen, dass du im Recht bist und dein Gegner rechtswidrig gehandelt hat.

11.4 Verfahrensdauer bei Gerichtsverfahren

Besonders in Verfahren, die sich über mehrere Instanzen erstrecken, kommt der Zeitfaktor hinzu. So hatte in einem Fall eine Klägerin im Jahre 2002 Klage beim Arbeitsgericht Dresden eingereicht. Am 7.7.2003 wurden ihr 40.000 Euro

Schadenersatz zuerkannt und erst am 17.2.2005 entschied die nächste Instanz, das sächsische Landesarbeitsgericht, die Klage abzuweisen. Das sind also weit über zwei Jahre, die die Klägerin auf ihr endgültiges Urteil warten musste. Ein ständiges Hoffen und Bangen mit einem schlimmen Ende für die Klägerin.

Eine andere Klägerin hatte ihre Arbeitsleistung wegen angeblichem Mobbing zurückbehalten und über zwei Instanzen geklagt. Erst 14 Monate seit Geltendmachung des Zurückbehaltungsrechts bekam sie die endgültige Klageabweisung vom Landesarbeitsgericht. Für die dazwischenliegende Zeit erhielt sie also keinerlei Vergütung, da sie ihre Arbeitsleistung zu Unrecht verweigert hatte .

11.5 Der gerichtliche Mahnbescheid

Da es bei vielen Konflikten schlicht und einfach um Geldforderungen geht, darf hier ein Kapitel über den gerichtlichen Mahnbescheid nicht fehlen. Ein solcher Bescheid macht viel her, weil er direkt vom Gericht zugestellt wird und nicht den (angeblichen!) Gläubiger im Absender trägt. Ein solches Schreiben darfst du nicht ignorieren, es ist aber vergleichsweise harmlos, wenn fristgerecht Einspruch eingelegt wird.

Wenn du Eindruck machen möchtest und deinem Gegner den Ernst der Lage klarmachen willst, kann dieses Mittel aber sehr sinnvoll sein und dir einen langwierigen Gerichtsprozess ersparen helfen. Solltest du der Empfänger eines Mahnbescheides sein, prüfe ob die Forderung stimmt. Wenn ja: zahle. Wenn nein: lege Einspruch ein.

Ein Mahnbescheid wird beim zuständigen Amtsgericht beantragt. Formulare dafür erhältst du in Zeitschriftenläden oder im Internet. Du musst deine Forderung dem Gericht gegenüber zwar begründen, das Gericht prüft aber nicht deren Richtigkeit. Das Gericht schickt den Bescheid daraufhin also ungeprüft zu dem angeblichen Schuldner!

Der Empfänger hat dann eine 2-Wochen-Frist um dagegen Einspruch zu erheben. Der Einspruch braucht nicht begründet zu werden. Versäumt er den Einspruch, wird die Forderung zwangsvollstreckbar, auch wenn sie materiellrechtlich unbegründet ist. Zwar gibt es auch später noch eine Einspruchsmöglichkeit gegen den Vollstreckungsbescheid, es wird aber erstmal vollstreckt.

Kurz gesagt: Der gerichtliche Mahnbescheid ist ein imponierendes Mittel, um seinen Forderungen Nachdruck zu verleihen. Bei rechtzeitiger Abwehr bleibt aber auch hier nur der Klageweg.

11.6 Abmahnungen

Abmahnungen haben einen schlechten Ruf. Das liegt vor allem daran, dass die veröffentlichten Fälle von Abmahnungen oft juristische - teure - Angriffe mächtiger Institutionen gegen mittellose Webseitenbetreiber betreffen. Außerdem hat sich in der Anwaltsbranche herumgesprochen, dass mit Abmahnungen ohne großen Aufwand jede Menge Geld zu verdienen ist. Deutschland ist in Europa das einzige Land, in dem der Gesetzgeber die Tür dafür derart weit aufgemacht hat. Im Ergebnis gibt es Hierzulande ganze Abmahnwellen, bei denen weitgehend automatisch von entsprechenden Kanzleien im Internet nach abmahnfähigen Seiten gesucht wird. Da reicht z.B. die fehlende Steuernummer im Impressum. Für viele ist so eine Abmahnung der Ruin und auf jeden Fall ein gewaltiger Stressfaktor.

Abmahnungen sind aber eigentlich ein brauchbares Instrument, um die unnötige Inanspruchnahme der Gerichte zu verhindern. Sie sind sozusagen ein Warnschuss. Das einzige Problem sind die exorbitanten „Kostennoten" der Abmahnanwälte, die der Abgemahnte zu tragen hat, falls er sich unterwirft. Immerhin ist aber das Urheber-

Ein böses Werkzeug sind Waffen
je besser sie sind, um so böser,
als Unheilbringer verabscheut.
So huldigt ihnen auch nie, wer dem
Dau dient. - In friedlichen Zeiten
widmet der Edle sich Edlem.

Nur wenn er die Waffe braucht,
schätzt er die Waffe.
Gezwungen nur greift er zur Waffe.

Laudse: "Daudedsching", dtv bibliothek
(Lao-tse: "Tao-te-king")

gesetz dahingehend geändert worden, dass für einfach gelagerte Fälle von Urheberrechtsverletzung gem. § 97a Abs. 2 UrhG eine Obergrenze von 100,- Euro für die anwaltlichen Kosten festgesetzt wurde. Für andere Verletzungen, wie Impressumsfehler oder falsch formulierte Allgemeine Geschäftsbedingungen gilt diese Obergrenze jedoch nicht. Hier kann eine Rechnung bis zu über mehrere Tausend Euro ausgestellt werden, je nach dem vom Anwalt festgelegten Gegenstandswert.

Abgemahnt und später verklagt werden können sowohl der Täter, sprich Rechteverletzer, als auch der sog. Störer. Störer kann z.B. die Zeitschrift sein, in der ein Interview abgedruckt wurde, in der ein Interviewpartner (Täter) rechtsverletzende Äußerungen gemacht hat. Der Verletzte hat nun also die freie Wahl zwischen einem juristischen Vorgehen gegen Täter, Störer oder gegen beide.

Hast du eine Abmahnung erhalten?

Wenn du den Inhalt der Abmahnung studierst, achte besonders auf folgende Punkte:

1. Stimmt der Sachverhalt?

2. Befinden sich in der Abmahnung rechtliche Hinweise aufgrund derer du nachprüfen

kannst, ob das was du getan hast, wirklich verboten war? Z.B: „Sie haben gegen § 5 Abs. 2 Ziffer 6 Telemediengesetz verstoßen, indem Sie es unterlassen haben, Ihre Umsatzsteueridentifikationsnummer anzugeben." oder zumindest etwas allgemeiner: „Sie haben die Urheberrechte meiner Mandantin verletzt, indem Sie ihr Gedicht ‚Der kleine Mann' auf Ihrer Webseite ohne Erlaubnis veröffentlicht haben." Oft ist es schwer, die Richtigkeit solcher Anschuldigungen bzw. Verbote zu überprüfen, weil die Gesetze selbst nicht immer klar sind, sondern sich vieles erst durch die vorhandene Rechtsprechung offenbart.

3. Prüfe die dir gesetzte Frist und beantrage ggf. Fristverlängerung beim Abmahnanwalt, um die Rechtslage zu prüfen. Die Frist muss auf jeden Fall angemessen sein, d.h. bei eiligen Sachen darf die Frist kurz (ca. 2 Werktage), bei anderen ca. 2 Wochen betragen. Halte die gewährte oder abgelehnte Fristverlängerung schriftlich fest.

4. Schau dir genau die beigefügte strafbewährte Unterlassungserklärung, bzw. Unterwerfungserklärung an. Was will die Gegenseite genau von dir? Was genau sollst du unterlassen? Immerhin wird meistens die unbegrenz-

te Unterlassung gefordert, also lebenslängliche Unterlassung. I.d.R. wird eine Vertragsstrafe bei Zuwiderhandeln verlangt, die vom Abmahner nach „billigem Ermessen" bestimmt werden kann. Also bei jedem Verstoß. Frage dich, bevor du unterschreibst, ob dies technisch überhaupt möglich ist. Prüfe auch, ob das Unterlassungsbegehren möglicherweise zu sehr in deine eigenen Rechte eingreift.

5. Prüfe, ob hier ein Fall vorliegt, bei dem nur abgezockt werden soll und kein wirkliches Interesse eines Verletzen dahintersteht. Für solche Abmahnungen dürfen nämlich nach § 8 Abs. 4 UWG (Gesetz gegen den unlauteren Wettbewerb) keine Aufwendungen für die Abmahnung berechet werden. Recherchiere hierzu im Internet nach dem Namen der Kanzlei und frage (vorsichtig!) in Foren nach ähnlichen Erfahrungen mit dem Anwalt. Vorsicht: Keine Schmähkritik gegen den Angreifer und erst Recht keine falschen oder unbewiesenen Tatsachenbehauptungen, sonst kommt gleich die nächste Abmahnung. Wenn du herausbekommst, dass die Kanzlei Massenabmahnungen betreibt, ist dies ein Merkmal für deren Unredlichkeit und damit für die Rechtsfolge des § 8 Abs. 4 UWG.

6.   Schau dir an, wie hoch der Anwalt den Gegenstandswert und damit entsprechend sein Honorar festgelegt hat. Hier ist oft etwas durch Verhandlung Spielraum herauszuholen.

Wenn du alles geprüft hast, überlege ob du vielleicht auch eine teilweise Unterwerfung eingehen solltest oder aber den Kampf aufnimmst, wenn dir die Forderungen unrechtmäßig erscheinen oder deine eigenen Rechte dem entgegenstehen.

Schau dir auch Kap. 8 an, wie eine Abmahnung wiederum verwendet werden kann, um die abmahnende Institution durch geschickte Gegenwehr zum Einlenken zu bewegen. In dem Fall war es ein Sportbekleidungshersteller, der einen Blogger wegen seiner Kritik am neuen Logo abgemahnt hatte und durch die Öffentlichmachung einen katastrophalen Imageschaden erlitt, der ihn schließlich gesprächsbereit machte.

Willst du jemanden abmahnen?

Ich selbst habe auch schon abmahnen lassen. Manche Leute lassen einem einfach keine Wahl. In meinem Fall hatten führende Personen eines großen Vereins ein von mir gemachtes Foto gegen meinen ausdrücklichen Willen von einer meiner Veröffentlichungen abgescannt und selbst als Titelbild für eine Broschüre verwendet. Als

Urheber wurde der Name der Verletzerin vermerkt. Nun ist es so, dass nach § 10 Abs. 1 UrhG mein Urheberrecht verfallen wäre, wenn ich den falschen Vermerk nicht hätte korrigieren lassen. Ich war also gezwungen, dagegen vorzugehen. Weil ich nett sein wollte, schrieb ich zunächst selbst einen Brief an einen der Verantwortlichen, um diese Leute - die ich persönlich kannte - doch noch zur Vernunft zu bringen. Nichts geschah, trotz, oder gerade wegen einer von mir viel zu lang gesetzten 6-Wochen-Frist. Danach musste ich anwaltlich abmahnen lassen. Nach fruchtlosem Fristablauf wurde mir vom Gericht die Einstweilige Verfügung zugestellt, gegen welche die Gegenseite mit Hilfe einer falschen Eidesstattlichen Versicherung Widerspruch eingelegt hatte. Man behauptete, ich hätte die Negative unterschlagen und würde dreist lügen. Bei der mündlichen Verhandlung im Landgericht Hamburg konnte ich jedoch eindeutige Beweise für meine Urheberschaft vorlegen, sodass die Gegenseite ihren Widerspruch zurücknehmen musste. Das ganze war das Übelste, was ich je erlebt hatte, obwohl ich letztlich von der Sache her unbeschadet rauskam. Aber es hätte auch anders ausgehen können, zumal drei Personen der Gegenseite eine solche Eidesstattliche Versicherung abgegeben hatten und ich allein war. Wahrscheinlich hatten dann die Vereinsmitglieder dieses nicht ganz billige Verfahren zu bezahlen - ohne auch nur das geringste davon zu erahnen.

Wenn du in einer ähnlichen Situation bist, solltest du schnell und gezielt handeln. Die von mir damals gesetzte 6-Wochenfrist war viel zu lang gewählt. Es hätte fast zur Ablehnung der einstweiligen Verfügung geführt, weil diese nur bei Eilbedürftigkeit gewährt wird. Außerdem hat diese überlange Frist dazu geführt, dass sich die Gruppe in aller Ruhe zu der Lüge verabreden konnte, mit der sie später bei Gericht auftrat und die ich nur durch einen Zufall widerlegen konnte.

Wenn du also vor Einschaltung eines Anwalts eine für deinen Gegner kostenfreie, eigene Abmahnung verschicken willst, setze eine möglichst kurze Frist von z.B. zwei Werktagen nach Erhalt des Einschreiberückscheins. Verfasse deine Abmahnung so, wie es ein Anwalt machen würde, damit der Gegenseite der Ernst der Lage klar wird. Folgende Bestandteile gehören in die Abmahnung:

1. Sachverhaltsdarstellung

2. Klarer und eindeutiger Vorwurf mit Nennung der Rechtsgrundlage

3. Ernsthaftes, endgültiges Unterlassungsbegehren

4. Strafbewehrte Unterlassungserklärung, die zu unterzeichnen ist

5. Androhung eines gerichtlichen Verfahrens

6. Frist von 2 Tagen bis 2 Wochen

Eine Abmahnung ist fast immer nötig, um vor Gericht eine Einstweilige Verfügung zu erwirken. Außerdem könnte es passieren, dass dein Gegner vor Gericht deinen Unterlassungsanspruch sofort anerkennt (außer in ganz eiligen Sachen).

11.7 Die Einstweilige Verfügung

Bei eiligen Sachen kann bei Glaubhaftmachung des rechtsverletzenden Sachverhalts bei Gericht eine Einstweilige Verfügung erwirkt werden. Glaubhaftmachung ist noch kein Beweis, sondern kann beispielsweise durch Abgabe einer Eidesstattlichen Versicherung erfolgen. Die Einstweilige Verfügung kann vom Gericht auch ohne Anhörung der Gegenseite ausgestellt werden, wenn unmittelbar Wiederholungsgefahr besteht. Ob mit oder ohne Anhörung: Gegen eine Einstweilige Verfügung können in jedem Fall Rechtsmittel eingelegt werden.

Zur Eilbedürftigkeit: Ich kenne den Fall, in dem eine ehemalige Unternehmerin und Firmeneigentümerin von ihrer Nachfolgerin die Herausgabe ihrer Geräte per Einstweiliger Verfügung erwirken wollte. Unstreitig war, dass ihr die Geräte wirklich gehörten und die Geräte auch tatsächlich von der Nachfolgerin zurückgehalten wurden. Ihr Anwalt schrieb in die Begründung für seinen Antrag auf Einstweilige Verfügung, es wäre zu befürchten, dass die Nachfolgerin die Geräte zulasten seiner Mandantin veräußern würde (daher also die Eilbedürftigkeit). Daraufhin gab die Nachfolgerin eine Eidesstattliche Versicherung ab, dass sie die Geräte niemals veräußern würde. Damit hatte meine Bekannte verloren, obwohl sie in der Sache Recht hatte. Nur die Eilbedürftigkeit war durch die Eidesstattliche Versicherung der Gegenseite widerlegt. Sie musste die gesamten Kosten des Verfahrens tragen.

Ganz wichtig: Eine Einstweilige Verfügung ist - wie der Name schon sagt - einstweilig. Also selbst die Seite, die in diesem Verfahren obsiegt, hat noch nicht gewonnen, denn es könnte sich später noch ein Hauptsacheverfahren anschließen, in dem viel genauer geprüft wird und das zu völlig anderen Ergebnissen kommen kann. Nehmen wir an, jemand verhindert erfolgreich die Auslieferung einer Zeitschrift, weil er sich in seinen Persönlichkeitsrechten verletzt sieht. Im späteren Hauptsacheverfahren stellt sich dann aber heraus, dass der Auslieferungsstopp nicht hätte angeordnet werden dürfen. Dann hat der ursprüngliche

Gewinner des einstweiligen Verfahrens ein riesiges Problem: Er haftet für den Schaden der durch die nicht ausgelieferte Auflage entstanden ist.

Bei Unterlassungsangelegenheiten bewegen wir uns übrigens immer auf der Ebene des Landgerichts, bei dem Anwaltszwang herrscht. Du wirst dabei also auf jeden Fall juristisch betreut. Für dich ist erstmal wichtig zu wissen, dass du auf Abmahnungen immer reagierst und schon bevor es zur Auseinandersetzung vor Gericht kommt (also noch bevor der Anwaltszwang greift), deine Argumente dem Gegenanwalt entweder noch selbst oder schon durch einen Anwalt mitteilst. Auf diese Weise bekommt das angerufene Gericht schon vor Erlass einer Einstweiligen Verfügung deine Standpunkte zu Gesicht. Es ist auf jeden Fall wichtig, die Einstweilige Verfügung zu verhindern, da diese Schaden anrichten kann, den du zunächst erstmal selber tragen musst.

11.8 Sich wehren mit Strafanzeigen

In Fällen, wo dein Gegner mutmaßlich eine Straftat begangen hat, kannst du auch bei der Polizei oder Staatsanwaltschaft Strafanzeige erstatten. Straftatbestände findet man übrigens nicht nur im Strafgesetzbuch, sondern auch in anderen Gesetzbüchern, wie etwa dem Urhebergesetz oder der Bauholzverordnung, um nur zwei zu

Der Übeltäter mag ja glücklich sein,
solange er nicht erntet, was er gesät
hat, aber sobald es ans Ernten geht,
übermannt ihn der Kummer.
Der Gute mag zwar leiden, solange er
nicht erntet, was er gesät hat, aber
sobald es ans Ernten geht, übermannt
ihn Freude.

"Dhammapada" - Buddhas zentrale Lehren. Goldmann Verlag

nennen. Also auch dort, wo man sie erstmal nicht unbedingt vermutet.

Größter Vorteil von Strafanzeigen: Sie kosten nichts und du musst noch keine Beweise vorbringen, nur einen gut begründeten Verdacht. Größter Nachteil: Meistens passiert nichts. Entweder wird gar nicht ordentlich ermittelt oder das Verfahren wird wegen irgendwas eingestellt. Trotzdem: Auch ein Verfahren, das „wegen geringer Schuld" eingestellt wird, würde dir schon was nützen, da auch eine geringe Schuld besagt, dass Schuld vorhanden ist.

Angezeigt werden können immer nur Personen, keine Institutionen. Die GEZ oder eine Versicherung kann man bei einer Verurteilung nicht wegsperren oder zum Müll sammeln verurteilen. Strafanzeigen richten sich also immer gegen die verantwortlichen Personen, also etwa gegen einen Rundfunkgebührenbeauftragten oder einen Sachbearbeiter in der Verwaltung. In vielen Fällen wird man auch Anzeige gegen Unbekannt erstatten.

Da erst nach einer rechtskräftigen Verurteilung jemand als Straftäter bezeichnet werden kann, verwende auch schon in der Anzeige die vorsichtige Formulierung: „Ich bitte zu ermitteln und zu untersuchen, ob sich Herr A einer Straftat schuldig gemacht hat." Dann folgt der Sachverhalt.

Bedenke, im Strafrecht gilt die Regel: „Im Zweifel für den Angeklagten". Diese Regel gilt im Zivilrecht nicht, so dass ein Strafverfahren mitunter auch hinderlich sein kann, wenn du parallel ein Zivilverfahren führst. Außerdem könnte dein Gegner nach außen hin damit auftrumpfen, dass du ihn ungerechtfertigt angezeigt hast, was dir wiederum ein Querulantenimage einbringen könnte (s. Kap. 10.2).

11.9 Mit Anwalt oder allein

Je nach eigener Erfahrung mit unserem Rechtssystem kann man seine Streitfälle allein durchfechten oder sollte sich anwaltlich vertreten lassen. Ich selber neige dazu, es möglichst selber zu versuchen, da Anwälte als solche wiederum zu einem Problem werden können. Sie kosten nicht nur Geld, sondern sie agieren mit Vollmacht. Vollmacht für den Anwalt bedeutet wiederum, dass du ein gutes Stück Handlungsfreiheit verlierst. Sollte dein Anwalt mal eine Frist verpassen und du deswegen einen Prozess unwiderruflich verlierst, kannst du ihn zwar haftbar machen, aber dafür brauchst du i.d.R. wieder einen Anwalt. Außerdem können in einem Prozess auch nichtmaterielle Ansprüche verloren gehen, wie etwa

Unterlassungsansprüche, die schwer in eine Schadenersatzpflicht übersetzt werden können.

Anwälte haben ihre eigenen Prioritäten. Wenn man Fachzeitschriften für Anwälte liest, erkennt man schnell, wo diese in der Hauptsache liegen: Im eigenen Vorteil. Anwälte müssen auch leben und sie suchen sich daher am liebsten lukrative Mandate aus und meiden arbeitsaufwendige Fälle, die nichts einbringen. Letztere werden oft entweder von vorn herein abgewiesen oder nur unzureichend und lasch bearbeitet. Wenn Anwälte gar gegen deinen Willen einen Vergleich (s. Kap. 11.11) ausgehandelt haben, wird dein Anwalt gar zum Feind. Vergleiche bringen dem Anwalt nämlich eine zusätzliche Vergleichsgebühr, daher lieben Anwälte Vergleiche. Und Richter ebenso, denn sie brauchen dann keine Urteile schreiben.

Mit diesen Vorbemerkungen will ich keine Antihaltung provozieren, sondern nur auf die Lage hinweisen. Abwägen muss man dann unter Berücksichtigung des Falles und der eigenen Kompetenz. In einigen Fällen besteht ohnehin Anwaltszwang (z.B. vor dem Landgericht und den meisten anderen Obergerichten), da erübrigt sich die Frage, ob ein Anwalt beauftragt werden soll oder nicht.

Gehe bei der Auswahl einer Anwältin oder eines Anwalts gewissenhaft vor. Beachte, dass es in Deutschland mehrere Tausend Gesetzbücher gibt mit der dazu gehörigen Rechtsprechungsfülle und Kommentarliteratur. Das reicht von der Bauholzverordnung bis hin zum Weingesetz, von den bekannteren Verwaltungs- oder Zivilgesetzen einmal abgesehen. Das kann ein einziger Anwalt gar nicht alles überblicken! Suche dir also möglichst einen für die Materie deines Falles spezialisierten Fachanwalt. Hierbei hilft dir z.B. eine Internetrecherche, die Rechtsanwaltskammer oder das Branchenbuch. Anwälte müssen nicht unbedingt dicht bei dir wohnen. Das meiste läuft sowieso schriftlich oder per Telefon. Nur zur mündlichen Verhandlung muss die Anwältin oder der Anwalt zum angerufenen Gericht reisen.

Wenn du einen Hausanwalt hast, der für dich alles erledigt was anfällt, brauchst du den aber nicht unbedingt zu wechseln, wenn mal ein Fall kompliziert wird. Gestehe ihm einfach zu, dass er sich zunächst schlau machen muss, bevor er dir vorschnell irgend welche Auskünfte erteilen kann. Gute Anwälte sind in eigener Weiterbildung geübt. Ein Hausanwalt hat den Vorteil, dass er nicht bei unrentablen Mandaten abweisend reagiert, sondern dir trotzdem zur Seite steht.

Die Bezahlung von Anwälten richtet sich überwiegend nach dem Streitwert (bei Gerichtsverfahren), bzw. dem Gegenstandswert (bei außergerichtlichen Verfahren). Sie ist geregelt im Rechtsanwaltsvergütungsgesetz (RVG). Einige Anwälte arbeiten jedoch nicht nach dem RVG, sondern verlangen Stundenhonorare, die zwischen 100 und 700 Euro liegen können. Obwohl man im Falle eines Obsiegens das gezahlte Anwaltshonorar normalerweise vom Gegner zurückerstattet bekommt, wird im Falle der viel teureren Stundenhonorare nur der normale Satz gem. RVG ersetzt.

11.10 Paragrafen, Kommentare, Urteile & Co

Wenn du dich dazu entschließt, den Fall selbst juristisch zu bearbeiten, solltest du nicht nur die einschlägigen Gesetzbücher und passenden Paragrafen eingesehen haben, sondern weitergehende Kenntnisse zur Rechtsmaterie erlangen. Zu jedem Gesetzbuch findest du in gut sortierten öffentlichen Fachbibliotheken Kommentare, die oft viele Seiten für einen einzigen Paragrafen umfassen. Über den Art. 20 Abs. 4 des Grundgesetzes sind sogar ganze Bände erschienen, die sich nur mit der Interpretation seines Textes befassen. Der kurze Text dieses Absatzes lautet: *„Gegen jeden, der es unternimmt, diese Ordnung zu beseitigen, haben alle*

Deutschen das Recht zum Widerstand, wenn andere Abhilfe nicht möglich ist."

Nicht alle Kommentare sind aber von Eigeninteressen unbelastet. Beispiel für eine stark belastete Rechtsliteratur ist der „Kommentar zum Rundfunkrecht" vom Verlag Beck, Ausgabe 2008. Hier sind sämtliche Kommentare zum Rundfunkgebührenstaatsvertrag von Mitarbeiterinnen und Mitarbeitern der öffentlich-rechtlichen Rundfunkanstalten und der GEZ verfasst, also von den Profiteuren der Rundfunkgebühren. Objektivität sieht anders aus. Da dies jedoch eher etwas Besonderes darstellt, sind Kommentare auf jeden Fall wichtig und auch in den Schriftsätzen zitierbar.

Noch wichtiger ist die Sichtung der vorhandenen Urteile, insbesondere (aber nicht nur) die Rechtsprechung der Obergerichte. Versuche ähnlich gelagerte Fälle ausfindig zu machen. Wenn du etwas passendes für deinen Fall findest, kannst du Originalzitate aus einem Urteil mit genauer Quellangabe (Gericht, Datum des Urteils, Aktenzeichen, Fundstelle) verwenden. Du findest Urteile z.B. im Internet oder in den Fachbibliotheken in juristischen Fachzeitschriften.

Ganz wichtig ist auch das richtige Verständnis der juristischen Fachbegriffe.

Tipp zum weiterlesen: Alpmann/Brockhaus: „Fachlexikon Recht".

11.11 Vergleichen oder Kampf bis zum Ende

Im Kap. 11.9 war noch die Rede davon, dass dein Anwalt gegen deinen Willen einen Vergleich ausgehandelt hat. So etwas ist natürlich übel. Vergleiche sind aber durchaus nicht per se schlecht. Sie sind insbesondere zu empfehlen, wenn die Rechtslage nach genauer Prüfung als unsicher eingestuft werden muss oder wenn man einfach nur Zeit und Nerven sparen will (vgl. Kap. 11.4). Natürlich will jede Partei gewinnen und ist daher zunächst bestrebt, ihre Sache durchzuziehen und das Gericht entscheiden zu lassen, weil man sich sicher ist, dass man ohne jeden Zweifel obsiegen wird.

Richter sind aber auch nur normale Menschen, die eigene Ansichten, Vorlieben und Lebenserfahrungen haben. Zum Richteramt wird man nicht deswegen berufen, weil man einen untadeligen Charakter hat, sondern weil man das erste und zweite juristische Staatsexamen bestanden hat.

Unsichere Rechtsmaterien finden sich etwa im Medienrecht. Hier ist oft eine Balance zwischen Pressefreiheit und Persönlichkeitsrecht zu finden, wenn z.B. über eine bestimmte Person berichtet wird und die Person gegen die Veröffentlichung klagt. Auch wenn es Anfangs für jede Partei ganz klar aussieht, ist der Ausgang oft ziemlich ungewiss.

Vergleiche sind einer Mediation (vgl. Kap. 12) übrigens sehr ähnlich, werden aber etwas anders gehandhabt und abgerechnet. In beiden Fällen geht es aber um eine einvernehmliche Einigung.

Ein Vergleich ist ein zwangsvollstreckbarer Titel, also wie ein rechtskräftiges Urteil. Man kann allerdings einen Widerrufsvorbehalt vereinbaren, so dass man sich die Sache während einer gewissen Frist noch einmal überdenken kann. In dieser Zeit könnte man weiteren rechtlichen Rat suchen. Wenn ein Widerrufsvorbehalt fehlt, ist der Vergleich allerdings unanfechtbar, es sei denn man wurde getäuscht oder falsch beraten.

Großer Vorteil eines Vergleichs ist - wie auch in der Mediation - dass auch andere Dinge geregelt werden können, die mit dem ursprünglichen Anliegen nicht direkt etwas zu tun haben, aber eine Lösung des Konflikts wahrscheinlicher machen. Berücksichtigen lassen sich so auch Zahlungsmodalitäten oder die hintergründigen Interessen, wie in Kap. 8 beschrieben.

Jene, die aufsteigenden Zorn
zurückhalten, wie einen rollenden
Wagen, sind wahre Wagenlenker.
Andere halten bloß die Zügel.

Bewache deine Gedanken, Worte und
Taten. Diese drei Übungen werden
dein Vorankommen auf dem Pfad zur
reinen Weisheit beschleunigen.

"Dhammapada" - Buddhas zentrale Lehren. Goldmann Verlag

11.12 Verloren: Unterwerfen oder Urteil

Wenn der Richter oder die Richterin dir in einer mündlichen Verhandlung signalisiert, dass du mit ziemlicher Sicherheit verlieren würdest und du vor die Wahl gestellt wirst, entweder freiwillig die Forderungen deines Gegners zu akzeptieren (je nach dem also Unterlassungs- bzw. Unterwerfungserklärung, Klagerücknahme oder Klageanerkennung) oder andererseits das Urteil abzuwarten, musst du folgendes bedenken: Ein Urteil ist auf jeden Fall teurer, aber in einigen Fällen besser. Alles, was du im Gerichtssaal zugestehst, ist i.d.R. nicht wieder aus der Welt zu schaffen. Berufung gegen deine eigenen Zugeständnisse sind nicht möglich. Wenn du auf das Urteil verzichtest, hast du später auch nichts in der Hand und du wirst nie erfahren, welches die Gründe für das Scheitern deines Anliegens waren.

Weiterer Nachteil: Eine Unterlassungserklärung ist ein privatrechtlicher Vertrag. Solltest du gegen diesen verstoßen, musst du an deinen Gegner eine privatrechtliche „Vertragsstrafe" bezahlen. Falls du aber verurteilt wirst und du verstößt später gegen die gerichtlichen Auflagen, zahlst du stattdessen an den Staat ein „Ordnungsgeld", nicht an den Gegner. Du könntest aber auch - statt zu zahlen - eine Ordnungshaft antreten. Der

Vollzug der Ordnungshaft ist geregelt in §§ 171
bis 175 Strafvollzugsgesetz.

12 Verhandeln im Schatten des Rechts: Mediation

Mediation ist ein Verfahren der Streitbehandlung,
das z.B. auch bei Auseinandersetzungen zwischen
Staaten angewandt wird. Es ist eine Methode,
Konflikte einvernehmlich zu lösen.

Beispiel für eine erfolgreiche Mediation war das
Verhandlungsergebnis zwischen den ehemaligen
Kriegsparteien Israel und Ägypten nach dem
Sechs-Tage-Krieg: Ägypten erhielt den Sinai zurück - allerdings entmilitarisiert - und Israel erhielt dafür von Ägypten eine Garantie seiner terri-
torialen Sicherheit. Beide ehemaligen Feinde
bekamen genau das vom anderen, was sie sich
gewünscht hatten. Ägypten wollte Land und Israel wollte Sicherheit. Man nennt dies eine „Win-
Win-Situation".

Oberstes Prinzip der Mediation ist die Freiwillig-
keit aller Parteien. Jeder kann zu jeder Zeit eine
Mediation abbrechen, wenn er sich überfahren
oder einfach unbehaglich fühlt. Geeignete Fälle
für Mediationen sind etwa Streitigkeiten zwischen Geschäftspartnern, Kollegen, Partei- oder
Vereinsgenossen, Ehepartnern oder bei anderen
Konstellationen, in denen es gewünscht wird,
dass man sich auch nach Beilegung des Konfliktes

wieder zusammenrauft und miteinander arbeitet oder lebt. Auch andere Konflikte, die noch nicht zu stark eskaliert sind, können so ggf. gelöst werden. Selbst in Fällen, wo eine Mediation aussichtslos zu sein scheint, kannst du aus der Technik für dich etwas lernen. So wird im Laufe einer Mediationssitzung etwa nach unterschwelligen Motiven einer Auseinandersetzung gefragt. Frage dich selbst, ob weitere Gründe bei dir oder deinem Gegner eine Rolle spielen könnten. Diese kannst du dann mit in deine Strategie einbauen und so den Streit in eine andere Richtung lenken. Manchmal kann das hilfreich sein (s.a. Kap. 8).

Eine Mediationssitzung wird von einer neutralen Person begleitet, die Mediator, bzw. Mediatorin genannt wird. Im Mittelpunkt des Geschehens stehen zwei oder mehr Medianten, also die Streitparteien. Eine Besonderheit der Mediation ist die Strukturierung in normalerweise vier Abschnitte. Der Mediator sorgt für die Einhaltung der Struktur und durch seine Fragetechniken für eine zielführende Mitarbeit der Medianten.

1. Im ersten Abschnitt werden die Themen aufgelistet, um die es gehen soll. Dies können etwa Geldforderungen sein. Die Themen werden von den Parteien vorgetragen und vom Mediator schriftlich fixiert.

2. Danach wird die umfassende Interessenlage der Medianten erarbeitet. Hiermit ist das gesamte Spektrum an Interessen gemeint, die in der Beziehung zwischen den Kontrahenten eine Rolle spielen. Diese weitergehenden, hintergründigen Interessen können nämlich später in die Verhandlungsmasse aufgenommen werden und zur Einigung beitragen. Beispiele: Eine der Parteien fühlte sich in der Vergangenheit oft durch abfällige Bemerkungen herabgesetzt und möchte, dass der andere das versteht und sich ehrlich entschuldigt. Es kann um Anerkennung von Leistungen gehen oder um ein vergiftetes Betriebsklima, das verbessert werden soll. All diese Punkte werden in dieser Phase ans Licht geholt.

3. In der dritten Phase folgt die gemeinsame Erarbeitung von Lösungsmöglichkeiten. Dabei können sowohl die in der ersten Phase ins Spiel gebrachten Themen, wie etwa Geld, berücksichtigt werden, als auch alle anderen Interessenbekundungen der Medianten aus der zweiten Phase. Als Methoden werden hier z.B. kreative Techniken wie Brainstorming, also das ungefilterte Sammeln von Ideen angewandt. Alles, was in dieser dritten Phase erarbeitet wird, ist vollkommen unverbindlich, d.h., jeder kann ungezwungen ein-

mal darstellen, wie weit er dem anderen entgegen kommen würde, ohne dass dies verbindlich wäre. Auch ein Rollen- bzw. Perspektivenwechsel kann sich dabei als sinnvoll erweisen, weil dieser den eigenen Horizont erweitert. Am Schluss dieser Phase werden die Ergebnisse nach vollkommen unrealisierbaren Vorschlägen durchgeprüft und diese verworfen. Die übrigen Vorschläge werden nach Verträglichkeit untersucht und durchdiskutiert.

4. In der vierten und letzten Phase wird dann die sich abzeichnende Lösung in verbindliche Formulierungen gebracht und Verträge gemacht. Bis zur Unterzeichnung kann jede Partei ohne Begründung die Mediation abbrechen und damit scheitern lassen.

Vorsicht ist bei der Mediation geboten, wenn dir dein Gegner in rechtlichen oder fachlichen Fragen stark überlegen ist und der Mediator hier nicht ausgleichend wirkt. So könnte es etwa passieren, dass du nach Recht und Gesetz deine Ansprüche komplett durchsetzen könntest, in der Mediation jedoch Zugeständnisse gemacht hast, die dich in eine unnötig schlechte Position gebracht haben. Auch besteht ein bisschen das Mikado-Prinzip: Wer sich zuerst bewegt, hat verloren. Wenn du also zuerst mit Vorschlägen kommst, die ein Entgegenkommen signalisieren, besteht zumindest theoretisch die Möglichkeit, dass dein Gegenüber in diesem Punkt nicht mehr nachgibt. Hier ist auch die weise Steuerung eines erfahrenen Mediators gefragt.

Tipp zum weiterlesen: Alpmann / Schmidt: „Mediation, Schlichtung, Verhandlungsmanagement"

13   Zoff mit Behörden und großen Institutionen

Behörden und große private Institutionen haben allein wegen ihrer erweiterten Möglichkeiten viel Macht. Konflikte mit Behörden haben eine Besonderheit: Die Behörde hat immer Recht, es sei denn der Bürger wehrt sich erfolgreich. Wenn dir also von einer Behörde z.B. ein Gebühren- oder Bußgeldbescheid ins Haus geschickt wird und du dagegen nicht fristgerecht und in der richtigen Form vorgehst, bist du dein Geld los. Ähnlich verhält es sich bei Strafbefehlen der Gerichte über die Zahlung von z.B. 60 Tagessätze, ersatzweise eine entsprechende Anzahl Tage Haft. Legt der Empfänger eines Strafbefehls innerhalb von zwei Wochen keinen Einspruch dagegen ein, heißt es zahlen oder Knast.

Aber auch privaten Institutionen, wie etwa Versicherungen oder Banken, kann der Bürger unmittelbar und existenziell ausgeliefert sein. Auch hier treffen Mechanismen zu, wie ich sie im Folgenden als „Strukturelle Überlegenheit" beschreibe.

13.1   Strukturelle Überlegenheit

Am Beispiel einer Behörde möchte ich ein Phänomen beschreiben, das den Bürger in seiner Wehrhaftigkeit stark einschränken kann: die strukturelle Überlegenheit, bzw. die damit einhergehende strukturelle Unterlegenheit des Bürgers.

Beispiel: Die Landesrundfunkanstalten und der ARD-/ZDF-Beitragsservice, die trotz angeblicher Staatsferne als Behörde handeln dürfen.

Eine Landesrundfunkanstalt benötigt keinen gerichtlichen Vollstreckungstitel für das Eintreiben des Rundfunkbeitrags, wie dies etwa im Privatrecht der Fall wäre. So verschickt sie z.B. Beitragsbescheide, die bestimmte, beitragsrelevante Tatbestände unterstellen. Jetzt ist der Bürger in der Not, sich zu wehren. Das gilt für starke Charaktere mit viel Geld, genauso wie für psychisch Kranke, Alte und Verarmte, die mit solchen Vorgängen vollkommen überfordert sind.

Bleiben wir also bei den öffentlich-rechtlichen Rundfunkanstalten und dem ARD-/ZDF-Beitragsservice, um das Prinzip der strukturellen Überlegenheit näher zu betrachten:

1. Der Beitragsservice verschickt Rechnungen, Mahnungen und Bescheide und wenn sich der Bürger zu wehren versucht, lässt er ihn eiskalt „abtropfen". Da es immer der Bürger ist, der auf die Kooperationsbereitschaft der Behörde hoffen muss, wird hier bereits der erste Hebel gegen ihn angesetzt. Die Kooperationsbereitschaft der Behörde wird ihm schlicht verwehrt. Bei Anrufen stößt er auf unhöfliches und inkompetentes Personal, auf eigene Anschreiben wird lediglich mit unsinnigen Standardtexten geantwortet oder wichtige Briefe an die Behörde verschwinden einfach. Manchmal wird sogar explizit ein Schriftwechsel verweigert. Um dem Bürger Angst zu machen, wird schon vor einer gerichtlichen Klärung, bei extrem kurzer Frist mit Zwangsvollstreckung gedroht und Bescheide rückdatiert.

2. Die Justitiarstellen der anstaltseigenen Gebührenabteilungen sind mit exzellent ausgebildeten Rundfunkgebühren-/Beitrags-Fachjuristen belegt, die ihr Wissen zudem über ihr Netzwerk bundesweit untereinander austauschen und bereichern können. Sie kennen alle Urteile und beherrschen die Kunst, die für sie günstigen Urteile oder einfachen Fundstellen aus der Gesamtheit herauszupi-

cken und wiederum in ihren Schriftsätzen anzuführen. So beeinflussen sie permanent und schleichend die herrschende Rechtsprechung. Sie sind schon deshalb normalen Anwälten weit überlegen, weil sie sich praktisch ausschließlich mit dieser Fachmaterie beschäftigen.

3. Die Justitiare greifen direkt in die Meinungsbildung ein, indem sie keine Gelegenheit verstreichen lassen, ihre juristische Sicht der Dinge in der Fachliteratur zu publizieren. Die Kommentare zum Thema „Rundfunkgebührenstaatsvertrag" im Standardkommentarwerk von C.H. Beck zum Rundfunkrecht von 2008 waren sämtlich von Mitarbeitern der GEZ oder der öffentlich-rechtlichen Rundfunkanstalten verfasst. Aus diesem Werk wird natürlich von Seiten der Rundfunkjustitiare fleißig zitiert und bei Gerichten gehört es zum festen Bestandteil der Bibliotheken. Auch einige Lehrbücher zum Thema Rundfunkrecht sind von Anstaltsleuten geschrieben worden.

4. Rechtsanwälte werden gezielt abgeschreckt! Die Streitfälle werden von den Anstaltsjustitiaren derartig mit verquarzten Schriftsätzen aufgebläht, dass kaum ein Anwalt ein solches Mandat übernehmen möchte. Bei diesen

Verfahren kommt ein Anwalt grade mal auf Stundensätze von 1 Euro oder weniger. Anwälte sagen oft: „Gegen DIE kommt man sowieso nicht an", um potentielle Mandanten loszuwerden. Ergebnis: Der Bürger wird allein gelassen und ist auf sich gestellt. Hinzu kommt, dass das deutsche Rechtsdienstleistungsgesetz Nichtjuristen in den meisten Fällen unter Androhung von Strafe verbietet, anderen Menschen einen Rechtsrat zu geben oder sie gar vor Gericht zu vertreten. Dieses Gesetz dient also nicht nur dem Berufsstand des Anwaltes, sondern bewahrt den Staat auch vor aufgeklärten und wehrhaften Bürgern.

5. Der Verdienst eines Anwaltes besteht aus seinem Honorar, das sich nach dem Streitwert berechnet. Der Verdienst der Rundfunkanstalt - in Gestalt der Justitiare - besteht dagegen in der Gesamtsumme und den späteren Ansprüchen aus dem Dauerschuldverhältnis „Rundfunkbeitragspflicht". D.h., die Motivation ist bei den Rundfunkjustitiaren deutlich höher als bei dem 1-Euro-Jobber Rechtsanwalt.

6. Nicht zuletzt verfügen die Rundfunkanstalten über einen jährlichen Gesamtetat von über 8 Milliarden Euro, aus dem sie ihre

„Kriegskasse" komfortabel nähren können. Die betroffenen Bürger sind dagegen nicht selten mittellos.

7. Die in den Rundfunkanstalten tätigen Justitiare machen „nur ihren Job". Sie sind durch nichts in dieser Auseinandersetzung bedroht. Im Gegenteil: Sie werden von den Anstalten in jeder Hinsicht in Schutz genommen. Nicht so der Bürger: Er ist möglicherweise in seiner Existenz gefährdet und psychisch mit diesem Kampf gegen die übermächtige Anstalt vollkommen überfordert. Ich kenne viele Fälle, wo Menschen regelrecht krank wurden.

Diese Auflistung bezieht sich natürlich speziell auf öffentlich-rechtliche Rundfunkanstalten, kann aber auch analog auf andere Behörden oder private Groß-Institutionen wie etwa Banken oder Versicherungen ihre Entsprechung haben. Die Verbraucherzentrale hat im Internet einen Artikel über die strukturelle Überlegenheit von Versicherungen veröffentlicht. Du wirst sehen, dass es sich kaum von dem genannten Beispiel unterscheidet. Link:

http://www.vzhh.de/~upload/rewrite/TexteVersicherungen/
Strukturelle_Unterlegenheit_der_Verbraucher.aspx

...Oder einfach bei Google „strukturelle Unterlegenheit" eingeben.

13.2 Öffentlichkeit schaffen

Gerade Behörden und große Institutionen erledigen ihre Streitigkeiten mit Bürgern gern im Geheimen. Sie wollen den Bürger zwar schröpfen, aber gleichzeitig nach außen ein tadelloses Image verbreiten. Da heißt es gegensteuern.

Wenn du deinen Fall in die Medien bringen willst, musst du vor allem eines wissen: Die Redakteure lieben es, wenn ein Fall einfach und schnell zu verstehen ist, d.h., du musst deinen Fall möglichst schon gut strukturiert vorbereitet haben. Wenn du einer Journalistin oder einem Journalisten einfach deine 10 Zentimeter dicke Akte vor die Nase hältst, wirst du kaum erreichen, dass sie oder er davon Notiz nimmt. Mache dir zunächst selbst klar, wo der eigentliche Skandal bei der Sache ist. Lege dafür dann die Beweise bereit. Diese müssen hieb und stichfest sein, also schriftliche Dokumente oder etwa unerschütterliche Zeugenaussagen, die du dir hast schriftlich bestätigen lassen. Medien haben Angst davor, wegen falscher Tatsachenbehauptungen strafrechtlich angeklagt oder zivilrechtlich verklagt zu werden. Daher sind Beweise so wichtig.

Wenn du alles zusammengetragen hast, womit du deine „Story" erzählen kannst, versuche am besten einen persönlichen Kontakt zu der zuständigen Redakteurin oder dem Redakteur herzustellen. Suche dir das Medium genau aus. Gibt es etwa eine bestimmte Rubrik dafür in einer Frauenzeitschrift oder Tageszeitung, wie z.B. „Ärger der Woche" in der „Bild der Frau" oder gibt es spezielle Fernsehformate, wie etwa auf Sat.1 „Akte", die solche Themen aufgreifen? Versuche, die entsprechenden Ansprechpartner herauszufinden und rufe dort an.

Heutzutage ist es nicht schwer, selbst Öffentlichkeit herzustellen: Gehe mit deinem Problem ins Internet! Eine eigene Website ist relativ leicht zu erstellen, aber noch einfacher ist es, sich in Foren oder sozialen Netzwerken zu artikulieren. Achte aber unbedingt auf die rechtlichen Gefahren, die dort drohen, wenn du dich nicht an die Regeln hältst, denn du bist auch im Internet für dein Handeln selbst verantwortlich! Am wichtigsten: Stelle keine falschen oder unbewiesenen Behauptungen auf und äußere keine sog. Schmähkritik, also Beleidigungen von Personen oder Institutionen. Bleibe in deiner Kritik möglichst sachlich, aber durchaus hart.

Der geschickte Taktiker kann mit der Shuairan verglichen werden. Die Shuairan ist eine Schlange, die in den Chang-Bergen gefunden wird. Schlage ihr den Kopf ab, und der Schwanz wird dich angreifen; schlage ihr den Schwanz ab, und der Kopf wird dich angreifen; schlage sie in der Mitte, und Kopf und Schwanz werden dich angreifen.

Sun Tsu: "Die Kunst des Krieges"; Nikol Verlag

13.3 Die Offene Email

Die „Offene Email" ist etwas ähnliches wie ein Offener Brief, nur um ein vielfaches effektiver und zugleich billiger und einfacher. Jeder kann das. Für einen Offenen Brief braucht man immerhin die Möglichkeit, diesen zu veröffentlichen, also eine Zeitung oder zumindest eine eigene, gut besuchte Internetpräsenz. Die Offene Email dagegen funktioniert auch ohne dem. Eine Offene Email eignet sich besonders für Auseinandersetzungen mit großen Institutionen.

Praktisch funktioniert das so: Du schreibst eine Email, in welcher du in die „An"-Zeile den eigentlichen Adressaten vermerkst, z.B. den Sachbearbeiter oder den Chef der Institution selbst. Dann kommt in die für jeden Empfänger ebenfalls voll einsehbare Zeile „CC" (Carbon Copy) eine Liste mit Emailadressen von Personen, die mit der Behörde oder der Branche in irgendeiner Beziehung stehen. Die Liste sollte so lang wie irgend möglich sein und viele einflussreiche Personen umfassen. Es könnten z.B. Personen in Aufsichtsbehörden oder in Konkurrenzunternehmen sein oder auch Verbraucherzentralen, Politiker und Parteien, auf dem speziellen Gebiet tätige Vereine oder die Presse. In die nicht einsehbare „BCC"-Zeile (Blind Carbon Copy) kannst du noch Freunde und dich selbst eintragen. Meistens muss die „BCC"-Zeile vom Programm erst noch aktiviert werden.

In dieser Mail kritisierst du detailliert das Vorgehen der Institution gegen dich. Ganz wichtig dabei ist, dass du weder beleidigend wirst noch unbewiesene Tatsachenbehauptungen aufstellst. Sonst kann dir schnell eine teure Abmahnung und ein noch teureres Gerichtsverfahren blühen.

Ich selbst hatte einmal eine Offene Email an den angeblich „unabhängigen" Datenschutzbeauftragten des SWR geschickt, in der ich ihn dafür kritisierte, sich in (meiner Meinung nach) unzulässiger Weise in ein Gerichtsverfahren eingemischt zu haben. In die „CC"-Zeile hatte ich einige Landesdatenschutzbeauftragten, Transparency International, einige Politiker u.v.a. gesetzt. Insgesamt rund 80 Adressen. Außerdem hatte ich die Mail auf meiner Webseite veröffentlicht. Folgender Link:

www.gez-abschaffen.de/Faelle/Fitness/Fitnessfall.htm#OffeneEmail

Die Reaktion war beachtlich: Zunächst bekam ich mehrere Emails von ihm, in denen er mich beschuldigte, 12 Straftaten mit dieser Mail begangen zu haben und ich mich auch noch zivilrechtlich verantworten müsse (genaues darüber im Buch „Blockwart-TV"). Passiert ist allerdings nichts. - Kurz vor der mündlichen Verhandlung hat dann der SWR das Handtuch geworfen und auf die rund 2.500 Euro verzichtet, um die es damals ging. Als Gründe gab die Beklagtenvertreterin u.a. an, dass es für die vom SWR mit der Sache befassten Mitarbeiter sinnvoller sei, "ihrer normalen Arbeit nachzugehen", anstatt ihre Zeit vor Gericht zu verbringen. Natürlich kann ich keine genauen Angaben darüber machen, ob diese späte Einsicht auf meine Offene Email zurückzuführen war.

Ein großer Vorteil, den die Offene Email gegenüber einem Offenen Brief hat ist folgender: Der Empfänger sieht unmittelbar, dass die „CC"-Adressaten tatsächlich gleichzeitig mit ihm diese Email lesen können. D.h. ihm wird schlagartig klar, dass Aufsichtsbehörden oder Konkurrenten von etwas erfahren, was er eigentlich im Stillen - ganz allein mit dir! - abmachen wollte.

Ich hatte im geschilderten Fall auch noch ein paar befreundete Redakteure über die „BCC"-Zeile mit versorgt. Kurze Zeit später erschien im Focus ein kleiner Artikel über die Reaktion des SWR-Datenschutzbeauftragten.

Wenn du die Möglichkeit hast, die Offene Email zusätzlich im Internet oder in einem Printmedium zu veröffentlichen, umso besser. Sie erfüllt aber auch ohne dem ihren Zweck.

Die Offene Email ist eine sehr scharfe Waffe, mit der du sehr vorsichtig umgehen musst. Vermeide vor besonders alles, was nach Verleumdung oder Nötigung aussieht. Sei halt sehr, sehr vorsichtig!

13.4 Die Kraft des Gegners nutzen

Gegenüber mächtigen Behörden oder Konzernen sind wir kleinen Bürger ähnlich wehrlos wie die Fliegen vom Toten Meer (s. Kap. 7, 3. Variante = „Kitzel-Kungfu"). Die großen Leiber sind die Behörden, die Fliegen sind wir. Die Fliegen kitzeln, und wenn man sie treffen will, sind sie längst weg. Kitzel-Kungfu heißt, den Gegner dazu zu bringen, sich selbst zu schlagen. Das ist der Sinn: Wir nutzen die Kraft des Gegners, um ihn zu besiegen. Je härter er schlägt, desto härter trifft es ihn. Doch wie können wir das umsetzen?

In Kap. 8, 2. Fall, habe ich beschrieben, wie ein kleiner Blogger eine große Bekleidungsfirma in die Knie zwingt. Die Kritik am Logo war das Kitzeln, die überzogene Reaktion mit Anwalt und Abmahnung war das Nach-der-Fliege-schlagen und dabei sich selbst treffen. Das Ergebnis: Ein katastrophaler Image-Verlust für die ach so mächtige Firma.

14 Mobbing

Mobbinghandlungen bestehen aus einer Vielzahl von destruktiven Einzelhandlungen, die sich in ihrer Gesamtheit zerstörerisch auf eine gemobbte Person auswirken. Jede dieser Handlungen alleine könnte für sich genommen harmlos wirken. In bestimmten Situationen könnten sie sogar tatsächlich harmlos sein (z.B. unter guten Freunden). Oft sind aber auch schon einzelne Handlungen persönlichkeitsverletzend oder sogar als Straftaten zu bezeichnen. In ihrer Gesamtheit haben Mobbinghandlungen subversiven Charakter und können die Zielperson seelisch zersetzen und auch krank machen.

Mobbing hat das Ziel, Menschen auszugrenzen, bzw. loszuwerden. Ausnahme: Klammermobbing (s. Kap. 14.2).

Oft geht Mobbing von einer Gruppe gegen einzelne Mitglieder der Gruppe aus, z.B. im Kollegenkreis. Hierbei ist es möglich, dass allein eine einzige Person das Mobbing initiiert, indem sie hinter der Hand Lügen über das spätere Opfer erzählt und damit die Gruppe hinter sich in der Absicht eint, der anderen Person zu schaden.

Manchmal geht Mobbing aber auch von Vorgesetzten oder anderen Individuen aus, die ihre Macht für diese Zwecke einsetzen und entspre-

chenden Einfluss haben. Es soll sogar Kurse geben, in denen Vorgesetzte systematisches Mobbing lernen, um überflüssiges Personal ohne läs-
tige Abfindungen oder sonstige Hürden zu ent-
sorgen. Als Lehrmaterialien dienen dabei z.B.
Schriften der DDR-Staatssicherheit, wie etwa die
geheime Stasi-Richtlinie 1/76, die sog. Zerset-
zungsrichtlinie.

Mobbing gibt es nahezu überall: im Betrieb, in
der Schule, unter Nachbarn, in der Familie, im
Verein, in einer Partei oder anderswo. Man
spricht auch von der Steigerung: Feind - Tod-
feind - Parteifreund.

14.1 Mobbinghandlungen

Während meines Praktikums im Hamburger Anti-Mobbing-Verein Klima e.V. (www.klimaev.de)
habe ich durch Erzählungen der Mitglieder und
Gäste ein breites Spektrum an Mobbinghandlungen kennengelernt. Es geht los mit der nach Darstellung der betroffenen Frau für mich relativ
„normal" klingenden, betriebsbedingten, fristge-
rechten Kündigung, die sie als Mobbing empfand,
weil damit für sie eine Welt zusammenbrach. In
einem anderen Fall kam eine Frau nach einem
Kur-Aufenthalt zurück in die Firma und es war
weder ein Stuhl noch ein Garderobenplatz für sie
mehr da und sie wurde von den Vorgesetzten und

Nichts in der Welt ist weicher
und schwächer als Wasser
und doch gibt es nichts, das wie
Wasser Starres und Hartes bezwingt.
Unabänderlich strömt es nach
seiner Art.

Dass Schwaches über Starkes siegt,
Starres Geschmeidigem unterliegt,
wer wüsste das nicht?
Doch wer handelt danach!

Laudse: "Daudedsching", dtv bibliothek
(Lao-tse: "Tao-te-king")

Kollegen ignoriert. Das finde ich heftig! Eine andere Frau berichtete, sie sei von ihrem Vorgesetzten immer wieder Dinge gefragt worden, wie: „Nehmen Sie Psychopharmaka?" oder „Haben Sie schon mal daran gedacht, sich psychologische Hilfe zu nehmen?" Sehr perfide!

Bei Schülern kann es auch schon mal zu Gewalttätigkeiten kommen oder zu direkteren verbalen Angriffen. Ein Schüler, der Hilfe suchend zu uns kam, berichtete, er sei beschimpft worden mit: „Du stinkst nach Niggerpisse!" In anderen Fällen reicht es aus, wenn sich Sticheleien häufen, wie: „Tolle Jacke! Hast du die aus der Altkleidersammlung gefischt?"

Allgemein lässt sich sagen: Wenn diese Handlungen zielgerichtet zum Ausschluss und zur Zerstörung von Personen erfolgen, ist es Mobbing.

Einige Beispiele aus dem Katalog von Mobbinghandlungen:

- Angriffe auf Sachen, Diebstahl oder Zerstörung von Eigentum des Opfers

- Erzeugung von künstlichen Störungen und Belästigungen

- Demütigende Kritik

- Räumliche Isolation, aussperren, ignorieren

- Dem Betroffenen ständig den Mund verbieten

- Unterstellen, der Betroffene habe jemand anderes beleidigt.

- Gerüchte verbreiten, lächerlich oder unglaubwürdig machen

- Anschreien und beschimpfen

- Mit körperlicher Gewalt drohen

- Das Opfer auf der Straße abpassen oder ihm nachsteigen

- Telefonterror

- Sexuelle Belästigung

- Körperliche Übergriffe, als Missgeschick getarnte Verletzungen zufügen

Eine ausführlichere Liste findest du in den beiden Büchern, die ich am Schluss dieses Kapitels als Empfehlung aufgeführt habe..

Nun noch eine Form der Zersetzung, zitiert aus der weiter oben erwähnten Stasi-Richtline 1/76:

- „Systematische Diskreditierung des öffentlichen Rufes, des Ansehens und des Prestiges auf der Grundlage miteinander verbundener wahrer, überprüfbarer und diskreditierender sowie unwahrer, glaubhafter nicht widerlegbarer und damit ebenfalls diskreditierender Angaben; - systematischer Organisierung beruflicher und gesellschaftlicher Misserfolge zur Untergrabung des Selbstvertrauens einzelner Personen."

Übrigens: Sei vorsichtig mit Beschuldigungen, wie: „Herr X mobbt mich!", da dies möglicherweise als Verleumdung ausgelegt werden kann. Sage stattdessen: „Ich fühle mich von Herrn X gemobbt!".

14.2 Sonderform: Klammer-Mobbing

Normalerweise dient Mobbing dazu, andere Menschen auszugrenzen oder loszuwerden. Es gibt aber eine Sonderform, die zwar ähnliche Mobbinghandlungen hervorbringen kann, aber eine ganz andere Zielsetzung hat. Diese Sonderform bezeichne ich als „Klammer-Mobbing". Beim Klammer-Mobbing steht das Festhalten im Vordergrund: Jemand will, dass du nicht gehst, jemanden nicht verlässt, weiter in einer Gruppe präsent bist oder einfach nur, dass du weiter Geld bezahlst. Man will dich einfach nicht loslassen.

Beispiele hierfür sind Expartner, die sich nicht mit einer Trennung abfinden können, es können Sektenmitglieder sein, die ein ehemaliges Mitglied zurückholen wollen oder die gute alte GEZ, die eine Rundfunkgeräteabmeldung nicht akzep-

tieren wollte. Klammermobbing kann noch be-
drohlicher sein, als das normale Mobbing. Man
liest oft in der Zeitung, was verlassene Ehepartner
- meist Männer - zu tun im Stande sind. Das
reicht von Stalking bis zum sog. „Familiendrama"
oder „Ehrenmord".

14.3 Sich gegen Mobbing wehren

Achtung: Jeder noch so kleine Tipp kann für die
Situation unangemessen sein und Unheil bringen. Daher gilt besonders bei der Mobbingabwehr besondere Sorgfalt und die Notwenigkeit
einer genauen Analyse der Lage. Im Prinzip gilt
für die Mobbingabwehr ähnliches, wie für andere
Auseinandersetzungen, wie sie in diesem Buch
beschrieben sind. Besonders groß ist die Gefahr,
in eine Querulantenrolle gepresst zu werden.

Bei kaum einer anderen Form der Auseinandersetzung ist es so wichtig, sich Verbündete zu suchen. Dies könnte bei Mobbing im Betrieb z. B.
der Betriebsrat sein oder ein paar Kollegen, die
nicht bei den Angriffen mitmachen. Es gibt aber
speziell für Mobbing auch Hilfen bei Institutionen, wie etwa bei oben erwähnten hamburger
Anti-Mobbing-Verein Klima e.V.. In anderen
Städten gibt es ähnliches oder etwa kirchliche
Einrichtungen, die weiterhelfen.

Insgesamt ist zu prüfen, inwieweit Mobbing-handlungen gegen geltendes Recht verstoßen, wie etwa gegen das neue AGG, also das Allgemeine Gleichbehandlungsgesetz, in dem gem. § 1 das Verbot von Diskriminierung wegen des Geschlechts, der Behinderung, der Rasse, des Alters, der Religion, der Weltanschauung, der ethnischen Herkunft oder der sexuellen Identität genormt ist. Rechtsverletzungen, gleich welcher Art, können durch rechtliche Maßnahmen, wie Abmahnungen, Einstweilige Verfügungen oder durch Strafanzeigen verfolgt werden.

Für gemobbte Schüler kann es hilfreich sein, sich an die Schulbehörde (in Hamburg „Behörde für Schule und Sport") zu wenden. Diese Behörde bietet darüber hinaus umfassende Unterstützung für Lehrerinnen und Lehrer an, in deren Klassen Fälle von Mobbing und/oder Gewalt gegen Schüler existieren. Von dort aus kann ein Kontakt zu der am besten geeigneten Stelle vermittelt werden, wie etwa die Jugendhilfe, Präventionsbeamte der Polizei, Cop4U, pol. Jugendbeauftragte oder Ärzte und Therapeuten.

Tipps zum weiterlesen: Axel Esser / Martin Wolmerath: „Mobbing" sowie Dieter Struck / Alfred Fleissner: „Die 45 Mobbingantworten"

15   Fallbeispiel Ehestreit

Jede Ehe ist natürlich anders. Eines haben aber fast alle Konflikte in der Ehe gemeinsam: Man streitet mit jemanden, der einen besonders gut kennt. Du hast deinem Partner oder deiner Partnerin in Zeiten der Verliebtheit wahrscheinlich „alles" über dich erzählt, auch die intimsten und belastendsten Dinge. Und wenn so ein Streit zum Rosenkrieg eskaliert, können alle diese Informationen gegen dich eingesetzt werden - oder umgekehrt: Auch du könntest dieses Wissen quasi missbrauchen und als Waffe einsetzen.

Derartige Auseinandersetzungen funktionieren darüber hinaus oft auch nach einem ganz bestimmten Verhaltensschema, bei dem beide Eheleute eine ganz bestimmte Rolle einnehmen und aus dieser nicht wieder herausfinden. Jedenfalls nicht ohne fremde Hilfe, zum Beispiel durch einen Paartherapeuten.

Ich möchte hierzu einen konkreten Fall schildern, der diese „Gefangenschaft" in der jeweiligen Rolle deutlich macht.

Der konkrete Fall

Im Urlaub lernte ich eine etwa gleichaltrige Frau kennen, seit 35 Jahren verheiratet, vier erwachsene Kinder, auf dem Lande lebend. Ich nenne sie hier mal Uschi. Vor der Ehe war ihr Partner der Mann ihres Lebens. Ein Gentleman. Mit Beginn der Ehe zog sie zu ihrem Mann, der bei seinen Eltern auf einem landwirtschaftlichen Hof lebte. Dort wurde aus der ehemals begehrten Ehefrau und Geliebten umgehend - wie in archaischen Familien oftmals üblich - eine Art weiblicher „Hausknecht". Uschi war von sofort an quasi die Untergebene ihrer Schwiegereltern und ihres Mannes.

Die Schwiegereltern sind zwar längst tot, die Dominanz ihres Ehemannes blieb jedoch bestehen und die Rollenverteilung ist über die Jahre mittlerweile so verfestigt, dass Streitigkeiten immer nach dem gleichen Schema ablaufen: Sie schreien sich gegenseitig zunächst wegen irgendwelcher Kleinigkeiten an. Dann kommt ihr Mann grundsätzlich - jedesmal - mit abwertenden Bemerkungen über ihre (ebenfalls verstorbenen) Eltern und über ihre Brüder - also mit einem Thema, das mit dem eigentlichen Streitanlass überhaupt nichts zu tun hat. Es werden dabei Informationen verwendet, die Uschi ihrem Ehemann noch im Zustand der Verliebtheit früher einmal anvertraut hatte.

Da kein Bezug zum Streitgegenstand vorhanden ist, lässt sich dagegen auch schlecht in Richtung auf eine Streitlösung argumentieren. Das regelmäßige Ende: Uschi verlässt den Raum und er „gewinnt" den Streit. Sie ist und bleibt das Opfer.

Sie denkt an Scheidung, will aber möglichst ihre Ehe retten. Jedes Gespräch mit ihrem Mann ist jedoch sinnlos, weil es immer wieder zur Eskalation führt.

Eine mögliche Lösung

Da reden sinnlos ist, hilft nur eins: schreiben. „Wenn ich ihm einen Brief schreibe, würde er ihn doch nicht lesen!", war Uschi fest überzeugt. Ich machte ihr daher folgenden Vorschlag:

Bevor sie den Brief schreibt und an ihn abschickt, muss sie sich strategisch vorbereiten: „Miete dir in der Stadt ein Apartment an oder sondiere, wo du notfalls auf die Schnelle ein Apartment mieten kannst, so dass du jederzeit ausziehen könntest und eine Bleibe außerhalb der ehelichen Häuslichkeit hast. Dies ist von strategischer Wichtigkeit für dein weiteres Vorgehen. Erzähle davon aber zunächst nichts deinem Mann!" Jetzt wird es etwas dramatisch, weil er, wie sie sagt, einen Brief von ihr gar nicht erst lesen würde: „Bevor du den Brief abschickst, verschwinde für ein paar Tage in dein Apartment, so dass er besorgt sein muss. Dann bringe den Brief zum Amtsgericht und lasse ihn von einem Gerichtsvollzieher zustellen.

Ich garantiere dir: Er wird den Brief lesen!" Vgl. auch Kap. 10.9

Damit dieser Brief auch den gewünschten Erfolg hat, braucht es einer genau abgestimmten Dramaturgie beim strategischen Aufbau des Briefes. Hier die Stichworte:

Zunächst die Einschmeichelungsphase:

„Wir hatten doch früher eine so schöne Zeit!". Ausführen von Erinnerungen an die frühe Verliebtheit. Orte und Erlebnisse beschreiben. Liebesschwüre wiederholen. So fühlt er sich gebauchpinselt und wird „weich" - und liest weiter...

Danach die Schilderung des Ist-Zustandes der jetzigen Situation:

Schilderungen plastisch, aber ohne Vorwürfe oder Schuldzuweisungen. Tenor: Ich bin so traurig, weil es sich so entwickelt hat. So kann er sogar Reue bei ihr hineininterpretieren - und liest weiter...

Jetzt wird's ernst:

„Du hattest doch schon mal von Scheidung gesprochen, vielleicht hast du sogar Recht damit gehabt. Vielleicht geht es einfach nicht mehr mit uns. Ich bin so traurig über uns." Wieder ohne jede Schuldzuweisung. Jetzt begreift er den Ernst der Situation - und liest weiter...

<u>Angebot eines Auswegs:</u>

Jetzt ist es soweit, die Hintertür zu öffnen, die als Alternative zur Scheidung zu verstehen ist. „Bist du bereit zu einer Ehe-Mediation oder zu einer Partnertherapie mit mir zu gehen, um unsere Ehe zu retten?".

<u>Dann der Schluss:</u>

„Ich habe mir ein Apartment gemietet und bleibe bis auf weiteres hier.". Dann weiß er, dass das jetzt keine leeren Worte waren. „Bitte schicke Deine Antwort an meine Freundin Laura. Meine Adresse ist geheim."

Ob das jetzt hilft, weiß ich natürlich nicht. Manche Ehen müssen einfach geschieden werden! Da hilft nichts mehr.

Ganz wichtig: Uschi macht zur Zeit eine Verhaltenstherapie, um aus ihrer Opferrolle herauszukommen. Sonst wäre heute schon absehbar, wie die nächste Beziehung funktionieren, und für sie enden würde: nämlich wieder in einer Opferrolle.

16 Schwerpunkt: Kampf gegen Rundfunkbeitrag

In diesem Kapitel wird der Weg eines Verfahrens im normalen Rechtsweg beschrieben. Auf die Darstellung einer Verfassungsbeschwerde verzichte ich. Ich musste nämlich feststellen, dass diverse bereits eingereichte Verfassungsbeschwerden vom Bundesverfassungsgericht nicht zur Entscheidung angenommen wurden. Dies betrifft nicht nur Eingaben von juristischen Laien, sondern auch solche von größeren Verbänden, die mit Sicherheit ein kompetentes Aufgebot von Anwälten mit der Sache betraut hatten.

Eigentlich sind wir ja gem. Art. 20 GG ein Rechtsstaat. So lernt man es in der Schule und in der Uni im Rechtsstudium. Die Praxis spricht aber eine andere Sprache. Eine Richterin sagte mal zu mir, als ich ihr telefonisch vorhielt, ich hätte in der Uni gelernt, dass ein bestimmter Tatbestand gegen Artikel xy des Grundgesetzes verstößt, folgenden Satz, der mich tief bewegt hat: „An der Uni wird Recht viel zu euphoristisch gelehrt." Mit anderen Worten: Dieses akademische Gefasel von Grundrechten, die wir Bürger angeblich geltend machen können, ist reiner Bullshit.

Was nun die Verfassungsbeschwerde angeht, hat man es zu allem Überfluss auch noch mit einem

Jene, die Unrecht sehen, wo keines
vorliegt, und das Unrecht nicht sehen,
wo eines vorliegt, folgen falschen
Lehrmeinungen und geraten auf die
Abwärtsbahn.

Jene aber die Unrecht sehen, wo
Unrecht vorliegt, und kein Unrecht
sehen, wo keines vorliegt, folgen
wahren Lehrmeinungen und gehen
auf dem Aufwärtspfad.

"Dhammapada" - Buddhas zentrale Lehren. Goldmann Verlag

Familienclan zu tun. Ein gewisser ehemaliger Verfassungsrichter, Paul Kirchhof, hat den neuen Rundfunkbeitrag in seinen wesentlichen Bestimmungen ausgearbeitet. Nun ist sein kleiner Bruder, Ferdinand Kirchhof, auch Richter am Bundesverfassungsgericht geworden - und - er ist nun im 1. Senat für die Entscheidungen zum Rundfunkbeitrag zuständig. Mir ist zumindest ein Fall bekannt, in dem er die Verfassungsklage eines großen Verbandes abgeschmettert hat.

Aber wir lassen uns davon bitte nicht entmutigen und gehen den normalen Rechtsweg, um uns gegen den neuen Rundfunkbeitrag zu wehren.

Bevor ich in diesem Kapitel fortfahre, muss ich etwas Luft ablassen und mit vielen der Menschen ernst, aber freundschaftlich schimpfen, die mir ihr Leid geklagt haben. Leider hat sich nämlich in unserem Lande eine Vorstellung verbreitet, welche die Menschen dazu verführt, unangenehme Briefe, wie etwa Beitragsbescheide, ungelesen wegzuwerfen - mit verheerenden Folgen! Unwidersprochen entsteht aus einem Bescheid für die Behörde nämlich ein Vollstreckungstitel! Aber selbst, wenn man diesen Fehler gemacht hat, gibt es Hoffnung und Wege, die Situation doch noch zumindest für die Zukunft zu retten - s. Kap. 16.14!

Also legen wir mal munter los!

Der normale Rechtsweg bedeutet in unserem Fall: Zuerst den sog. Beitragsbescheid abwarten, dann Widerspruch einlegen und bei Ablehnung des Widerspruchs Klage einreichen beim Verwaltungsgericht.

Dein jeweiliger Lebenssachverhalt ist mit dafür entscheidend, welche Rechte in deinem speziellen Fall durch den Beitragsbescheid verletzt werden. Ich habe ein paar Beispiele für diese möglichen Verletzungen unten in Kap. 16.8 aufgeführt und den jeweiligen Lebensumständen zugeordnet, damit du dir deine passende Klage-Begründung daraus zusammenstellen kannst.

Wenn du bereits mit einem Verwaltungsverfahren vertraut bist und Widerspruch und Klage für dich keine Neuheiten mehr sind, kannst du die folgenden Abschnitte auslassen und direkt in Kap. 16.8 fortfahren. Betrachte vorher lieber nochmal das Inhaltsverzeichnis, ob du wirklich alles dazwischen liegende überspringen möchtest.

16.1 Bevor es losgeht

Um der Situation gerecht zu werden, solltest du umgehend deine ggf. erteilte Einzugsermächtigung oder den Dauerauftrag bei der Bank kündigen und dies der zuständigen Rundfunkanstalt schriftlich mitteilen. Ansonsten wird abgebucht und man kann seinem Geld später hinterherlaufen. Alle Anschreiben in dieser Sache sollten an die Rundfunkanstalt gehen und nicht an die nicht rechtsfähige Institution „Beitragsservice". Wähle immer die Form Brief plus Fax oder Einschreiben mit Rückschein.

16.2   Die ersten Briefe des Beitragsservice

Schmeiße niemals Briefe des Beitragsservice weg! Lege dir einen Ordner an, in dem du die Korrespondenz sammelst (siehe Kap. 10.8). Die ersten Schreiben sind in der Regel harmlos. Sie mögen aber durchaus aggressive Hinweise enthalten, wie etwa die Androhung einer Mahngebühr. Lasse dich davon nicht einschüchtern. Es ist zu erwarten, dass mehrere Zahlungserinnerungen und weitere Drohungen folgen werden.

„Lustig" sind auch die „Bestätigung der Anmeldung"-Schreiben, in denen sich die Anstalten für die erfolgte Anmeldung höflich bedanken, auch wenn diese niemals erfolgt ist. Das ist so, als ob Kleinkriminelle schreiben: „Danke, dass Sie unsere Zeitschrift lebenslänglich abonnieren möchten und auf sämtliche Rücktrittsrechte verzichten!" - Also reiner Humbug. Darauf kannst Du antworten, musst es aber nicht.

Früher war der öffentlich-
rechtliche Rundfunk dazu da,
den Menschen Freude zu
bringen, heute verbreitet er bei
vielen Menschen Angst und
Hilflosigkeit und nimmt vielen die
Lebensfreude.

16.3 Achtung: Der Beitragsbescheid!

Irgendwann wird dir der Beitragsservice den eigentlichen Beitragsbescheid zusenden. Dieser ist in der Betreffzeile i.d.R. als „Bescheid" gekennzeichnet und beinhaltet - oft gut versteckt auf der Rückseite - eine Rechtsmittelbelehrung, welche das wichtigste Kriterium für einen „Bescheid" ist. So ein Bescheid muss unbedingt ernst genommen werden! Meistens, aber nicht immer steht:

„Gebühren-/Beitragsbescheid"

Im Gegensatz zu den vorher genannten Briefen enthält der Beitragsbescheid, wie eben bereits erwähnt, neben der Zahlungsaufforderung eine Rechtsmittelbelehrung. Suche nach ihr am besten in jedem Schreiben. Lese dir diese ganz genau durch und achte darauf, ob du wie in den meisten Bundesländern Widerspruch gegen den Bescheid einlegen musst, bzw. kannst oder ob der direkte Weg zum Verwaltungsgericht vorgesehen ist (s.a. die jeweils landeseigenen Ausführungsgesetze zur VwGO). Das steht aber alles in der Rechtsmittelbelehrung drin.

Du hast nun einen Monat Zeit, um gegen den Bescheid vorzugehen, so wie es in der Rechtsmittelbelehrung steht. Ein Monat bedeutet, dass du z.B. zum 7. des Folgemonats Deinen Widerspruch oder die Klage zugestellt haben musst, wenn du den Bescheid an einem 7. bekommen hast. Ein Monat ist also nicht immer nur vier Wochen. Nutze die Frist, aber überziehe diese nicht, sonst hast du verloren.

Ich gehe im folgenden davon aus, dass du in einem Bundesland lebst, in dem du gegenüber der Rundfunkanstalt Widerspruch einlegen kannst.

Achtung: Die Anstalten verschicken auch mehrfach Bescheide! Auch wenn du gegen einen Bescheid bereits Rechtsmittel eingelegt hast, musst du auch gegen den neuen und eventuell wieder neuen Bescheid Rechtsmittel einlegen, sonst wird jeder Bescheid für sich rechtskräftig und unanfechtbar. Verweise bei Deinen Begründungen einfach auf die bereits vorhandene Begründung. Füge jedes Mal einen Antrag auf Aussetzung der Vollstreckung bei, so wie in Kap. 16.5 beschrieben.

Diese mehrfach versendeten Bescheide sollen wahrscheinlich zur Verwirrung beitragen oder sie sollen es der Anstalt einfach nur ermöglichen, pro Bescheid jeweils 8 Euro Säumnisgebühr zu verlangen, wozu sie nach der *„Satzung (der jeweiligen Rundfunkanstalt) über das Verfahren zur Leistung der Rundfunkbeiträge"* nach § 11 berechtigt sind.

16.4 Drohung mit OWi-Verfahren

Um weiteren Druck auf die Bürger auszuüben, wird auf der Rückseite des Bescheides nicht nur mit rascher Zwangsvollstreckung gedroht (s. Kap. 16.5), sondern auch mit einem Ordnungswidrigkeitenverfahren.

Im Gesetz steht dazu in § 12 Abs. 1 RBStV:

Ordnungswidrig handelt, wer **vorsätzlich** oder **fahrlässig**
1. den Beginn der Beitragspflicht entgegen § 8 Abs. 1 und 3 nicht innerhalb eines Monats anzeigt,
2. der Anzeigepflicht nach § 14 Abs. 2 nicht nachgekommen ist oder
3. den fälligen Rundfunkbeitrag länger als sechs Monate ganz oder teilweise nicht leistet.

Ordnungswidrig ist ja nur vorsätzliches oder fahrlässiges Verhalten. Wer nicht weiß, dass er beitrags- oder anzeigepflichtig ist, kann auf jeden Fall schon mal nicht vorsätzlich handeln. Fahrlässig handelt man, wenn man zwar nicht weiß, aber bei Anwendung der gebotenen Sorgfalt wissen müsste, dass man beitrags- oder anzeigepflichtig ist. Welcher vernünftig denkende Mensch kann sich schon vorstellen, dass es in einem demokratischen Land so etwas gibt, wie eine Beitragspflicht für buchstäblich Nichts? Nur zur Bereicherung einiger Weniger.

Was die Nummer 3 angeht, sollte man sich vorsichtshalber absichern, indem man wie beschrieben rechtzeitig einen Antrag auf Aussetzung der

Vollstreckung bei der Rundfunkanstalt stellt (s. Kap. 16.5). Solange das Verfahren läuft und erst Recht, wenn dem Antrag stattgegeben wird, kann es auch kein OWi-Verfahren geben.

Noch etwas Erfreuliches: Ich habe mit mehreren Beamtinnen und Beamten aus dem Bereich gesprochen und mir wurde versichert, dass es so gut wie keine OWi-Verfahren wegen der damaligen, viele Jahre währenden Rundfunkgebühr gegeben habe. In den wenigen Einzelfällen, ging es ausschließlich um große Unternehmen und es wurde vorher von Seiten der beauftragten Behörde intensiv nach einer einvernehmlichen Lösung gesucht, um das OWi-Verfahren letztendlich abzuwenden.

Verstöße gegen die neue Rundfunkbeitragspflicht, die mit einem OWi-Verfahren geahndet wurden, sind nicht bekannt. Angst vor dieser Drohung sind also vollkommen fehl am Platze.

16.5 Antrag auf Aussetzung der Vollstreckung

Um sicher zu gehen dass nicht vorzeitig vollstreckt wird, solltest du einen Antrag auf Aussetzung der Vollstreckung gem. § 80 Abs. 4 VwGO an die Rundfunkanstalt stellen und in den Widerspruch einbauen. Setze also folgenden Text unten in dein Widerspruchsschreiben mit ein oder sende hierzu einen separaten Brief an die Anstalt:

> ### Antrag auf Aussetzung der Vollstreckung
>
> Hiermit beantrage ich die Aussetzung des Vollzuges gem. § 80 Abs. 4 VwGO, bzw. die aufschiebende Wirkung meines Widerspruches. Grund: Ich kann mir die Zahlung des Beitrages nicht leisten!
>
> (Unterschrift)

Sollte dieser Antrag abgelehnt werden, kannst du gem. § 80 Abs. 5 VwGO einen Antrag auf Anordnung der Aufschiebenden Wirkung beim Verwaltungsgericht stellen. Dazu ist aber zwingend der vorherige Antrag bei der Rundfunkanstalt nach § 80 Abs. 4 VwGO notwendig. Solange dieses Verfahren läuft, wird üblicherweise nicht vollstreckt und du kannst dich ganz in Ruhe den Argumenten für Deinen Widerspruch widmen.

16.6 Widerspruch einlegen

Widersprüche sind gebührenfrei. Mit Einreichung des Widerspruchs hast du das Verfahren in deine Hände gelegt und es kann bis zum Abschluss des Verfahrens keine Zwangsvollstreckung erfolgen (s.a. Kap. 16.5).

Für die Begründung des Widerspruchs habe ich in Kap. 16.8 ein paar Beispiele genannt. Du musst den Widerspruch aber nicht sofort begründen;

fordere stattdessen einen rechtlichen Nachweis bei der Rundfunkanstalt dafür an, dass gerade du persönlich rundfunkbeitragspflichtig sein sollst.

Spiele auf Zeit. Schreibe, dass eine Begründung folgt und bitte um einen Termin, bis wann man die Begründung von dir wünscht. Das kann ein paar mal hin und her gehen.

Versende den Widerspruch auf sicherem Wege und formgerecht. Achtung: Per Email oder mit angehängtem PDF wäre <u>nicht</u> formgerecht. Eine Möglichkeit wäre Einschreiben mit Rückschein. Ich verwende stattdessen eine Kombination aus Vorab-Fax und einem normalen Brief. Unterschrift nicht vergessen.

Irgendwann folgt dann möglicherweise der ablehnende Widerspruchsbescheid mit einer erneuten Rechtsmittelbelehrung. Jetzt ist es Zeit zu klagen.

16.7 Klage vor dem Verwaltungsgericht

Habe keine Scheu, vor dem Verwaltungsgericht zu klagen! Du brauchst dafür keinen Anwalt und du musst auch kein Jurist sein, um Erfolg haben zu können. Die Richter des Verwaltungsgerichtes sind gem. § 86 Abs. 1 VwGO (Verwaltungsgerichtsordnung) dazu verpflichtet, selbst die rechtlichen und sachlichen Gegebenheiten des zu behandelnden Falles zu untersuchen. So können auch Schriftsätze von juristischen Laien mit falsch formulierten Klageanträgen vom Gericht korrigiert werden. Auch vor den Gerichtskosten braucht man keine Angst zu haben. Der anfängliche Streitwert dürfte sich vermutlich auf die ersten 12 Monate Rundfunkbeitrag beziehen, wodurch die Gerichtskosten bei ca. 75 Euro liegen. Solltest du die Klage während der mündlichen Verhandlung auf Anraten des Richters zurücknehmen, reduziert sich die Gebühr sogar noch um zwei drittel, also auf ca. 25 Euro. Angst, sich mit einer Klage zu ruinieren, ist also fehl am Platze.

Klagen wegen nicht genehmigter Gebührenbefreiung waren bisher zudem kostenfrei, sofern keine Anwaltsgebühren anfallen.

Wenn du unsicher bist, solltest du dir aber vorsichtshalber Rechtsrat oder -beistand besorgen.

In Frage käme etwa die Anfechtungsklage gegen einen Beitragsbescheid, eine Leistungsklage zur Herausgabe deiner Daten oder in bestimmten Fällen eine Feststellungsklage, wenn sonst keine andere Klage möglich ist (z.B. Feststellung der Abmeldung). Wir beschränken uns hier auf die Anfechtungsklage gegen den Beitragsbescheid.

Erst wenn der Widerstand gegen den Rundfunkbeitrag zur Massenbewegung geworden ist, werden wir auf ein demokratisches, funktionierendes und für die Menschen sinnvolles öffentlich-rechtliches Rundfunksystem hoffen können..

Eine Klage muss einen „**Antrag**" und eine „**Begründung**" enthalten und sie muss selbstverständlich fristgerecht auf sicherem Wege bei dem im Rechtsmittelbehelf vorgegebenen Gericht eingereicht werden.

Der Klage beigelegt sind alle notwendigen Beweismittel. Wichtig: Alle Schriftsätze und Unterlagen müssen in zweifacher Ausführung an das Gericht gesendet werden, da das Gericht dich sonst mit 50 Cent pro Kopie belasten könnte. Die Begründung kannst du ggf. nachreichen. Das Gericht setzt nach Klageeingang dafür eine Frist. In der Begründung musst du nachvollziehbar argumentieren und im Text jeweils auf die beigefügten Anlagen als Beweismittel verweisen. Vermeide unbedingt Emotionen bei der Wortwahl, lese hierzu Kap. 10.2. Cool und sachlich kommt bei den Richtern besser an und macht den Kläger glaubwürdiger. Motto: Weich im Tonfall, aber hart in der Sache. Strukturiere den Sachverhalt und argumentiere nachvollziehbar, wieso du in deinen Rechten verletzt bist. Schweife nicht zu sehr aus, beschränke dich zunächst auf die Eckpunkte. Fragen des Gerichts kannst du später immer noch beantworten.

Du solltest vor dem Verwaltungsgericht auch nicht darüber klagen, was <u>Andere</u> für Nachteile durch den Rundfunkbeitrag haben, sondern formuliere deine Schriftsätze so, dass klar wird, in welchen Rechten <u>du</u> - ganz persönlich - verletzt wirst, falls du den Beitrag zahlen müsstest.

Irgendwann wird - möglicherweise nach einer mündlichen Verhandlung - vom Gericht ein Urteil gefällt. Wenn eine Seite gegen das Urteil Berufung einlegt, wird die nächsthöhere Instanz, das Oberverwaltungsgericht (OVG) oder in einigen Bundesländern der Verwaltungsgerichtshof (VGH) mit der Sache befasst. Dort herrscht Anwaltszwang. Die vorerst letzte Instanz, das Bundesverwaltungsgericht (BVerwG), kann danach per Revision angerufen werden. Nur in wenigen Fällen kann das Verfahren zum Abschluss noch vor das Bundesverfassungsgericht (BVerfG) oder vor den Europäischen Gerichtshof für Menschenrechte (EGMR) in Straßburg getragen werden.

Sollte in einem Urteil stehen, dass die Berufung oder die Revision nicht zugelassen ist, kannst du trotzdem mit einem Anwalt beim nächst höheren Gericht einen Antrag auf Zulassung der Berufung oder der Revision stellen.

Beispiel-Aufbau einer Klageschrift

(Briefkopf, deine Anschrift und Datum - per Einschreiben)

(Adresse des Verwaltungsgerichts)

In der Verwaltungssache

Hannes Mustermann, Gebührenallee 12, 20444 Hamburg   - **Kläger**-

gegen

NDR Norddeutscher Rundfunk

Rothenbaumchaussee 132, 20149 Hamburg

Vertreten durch den Intendanten   - **Beklagter**-

Wegen eines rechtswidrigen Beitragsbescheides

erhebe ich

Klage

und beantrage,

1. den Beklagten zu verurteilen, den Beitragsbescheid vom xx.xx.2014 sowie den Widerspruchsbescheid vom xx.xx.2014 aufzuheben und sämtliche Forderungen gegen den Kläger (die Klägerin) fallen zu lassen.

Begründung

(Hier schreibst du eine ausführliche Begründung. Beginnt z.B. mit folgendem Satz):

„Die streitgegenständlichen Bescheide verletzen mich in meinen Rechten." (dann listest du die Gründe auf)

(Name und Unterschrift)

16.8 Einige Beispiele für die Klagebegründung

Bei der Klagebegründung ist zu unterscheiden, in welchen Verhältnissen jemand lebt. Man kann schlecht religiöse Gründe gem. Art. 4 GG gegen das Fernsehen anführen, wenn man sich selbst als bekennenden Atheisten geoutet hat. Dagegen kann man einen Verstoß gegen das Sozialstaatsprinzip des Art. 20 Abs. 1 GG feststellen lassen, weil Geringverdiener nicht von der Beitragspflicht befreit werden können und genauso viel bezahlen müssen, wie Multimillionäre.

Verstoß gegen die Glaubens- und Religionsfreiheit (Art. 4 GG)

Mir hat vor kurzer Zeit ein Herr geschrieben, der nach den strengen Grundsätzen des amischchristlichen Glaubens lebt. Vertreter dieses Glaubens vermeiden vieles, was unsere hochtechnisierte Gesellschaft ausmacht, sie verzichten also insbesondere auf alles was mit Rundfunk zu tun hat. Für ihn haben diese Medien einen „satanischen, zerstörerischen Einfluss". Ich zitiere kurz aus seiner bereits eingereichten Klageschrift, weil mir seine Argumente sehr gut gefallen: „Somit können zumindest gewisse gläubige Christen und Gemeinschaften die diabolische Satanik, die hinter diesen Medien steckt, nicht ohne ihr Gewissen zu belasten alimentieren und damit den teuflischen tiefen Ungründen Vorschub leisten. (...)

Für Bekennende gilt nach wie vor unerschütterlich: ‚werdet nicht an ihren Werken zuteil!' (...) Wenn man gewillt ist, das Leben als ständige/tägliche/stündliche ewig bewusste Religionsausübung zu betrachten, (...) dann ist der Rundfunkbeitrag ein Eingriff in die ungestörte Religionsausübung nach Art. 4 Abs. 2 GG.".

Verstoß gegen die allgemeine Handlungsfreiheit (Art. 2 Abs. 1 GG)

Dieser Artikel ist im Prinzip auch für den vorherigen Fall relevant. Aber man braucht kein amischer Christ sein, um sich in seinen Grundrechten verletzt zu fühlen, wenn es etwa um bestimmte Äußerungen geht, die im öffentlich-rechtlichen Rundfunk fallen und die man künftig auf Gedeih und Verderb zu finanzieren hat.

So wurden zwei christliche Krankenschwestern sowohl von der ARD als auch vom ZDF mit Selbstmordattentätern verglichen, weil sie in einem islamischen Land Hilfsdienste leisteten und dabei ermordet wurden. Damit wird die Wahrheit auf den Kopf gestellt: Christliche Helferinnen entsprechen Selbstmordattentätern, Opfer werden zu Tätern gemacht. Das wiederum verstößt gegen den Rundfunkstaatsvertrag (RfStV):

§ 10 RfStV: „Berichterstattung und Informationssendungen haben den anerkannten journalistischen Grundsätzen, auch beim Einsatz virtueller Elemente, zu entsprechen. Sie müssen unabhängig und sachlich sein. Nachrichten sind vor ihrer Verbreitung mit der nach den Umständen **gebotenen Sorgfalt auf Wahrheit** und Herkunft zu prüfen. Kommentare sind von der Berichterstattung deutlich zu trennen und unter Nennung des Verfassers als solche zu kennzeichnen."

Gerne werden auch mal religiöse Gruppen beleidigt. Schau dir mal die Filme an, in denen Gott als trotteliger Blödmann dargestellt wird. Gib in die Suchzeile bei Google ein: „Götter wie wir" - dies war eine ZDF-Sendereihe. Was will uns das ZDF wohl damit sagen? Vielleicht: „Wer so bescheuert ist, diesen Blödmann anzubeten, gehört in die Klapse." - Man stelle sich mal vor, das ZDF hätte statt Gott und Jesus die Protagonisten Allah und Mohamed verwendet! Dann wäre das sogar eine Straftat gewesen, denn im § 166 StGB steht (bitte Unterstreichung beachten):

§ 166 StGB: Beschimpfung von Bekenntnissen, Religionsgesellschaften und Weltanschauungsvereinigungen
(1) Wer öffentlich oder durch Verbreiten von Schriften (§ 11 Abs. 3) den Inhalt des religiösen oder weltanschaulichen Bekenntnisses anderer in einer Weise beschimpft, **die geeignet ist, den öffentlichen Frieden zu stören**, wird mit Freiheitsstrafe bis zu drei Jahren oder mit Geldstrafe bestraft.
(2) Ebenso wird bestraft, wer öffentlich oder durch Verbreiten von Schriften (§ 11 Abs. 3) eine im Inland bestehende Kirche oder andere Religionsgesellschaft oder Weltanschauungsvereinigung, ihre Einrichtungen oder Gebräuche in einer Weise beschimpft, **die geeignet ist, den öffentlichen Frieden zu stören**

Das bedeutet wohl, dass man nach dem Strafgesetzbuch Christen und Juden ungestraft beleidigen darf, weil von ihnen keine derartigen, friedensstörenden Reaktionen zu erwarten sind, wie sie etwa nach den Mohamed-Karikaturen losbrachen. Nach dem Rundfunkstaatsvertrag sind solche Sendungen dennoch verboten. Siehe hierzu § 3 RfStV:

§ 3 RfStV: „Die in der Arbeitsgemeinschaft der öffentlich-rechtlichen Rundfunkanstalten der Bundesrepublik Deutschland (ARD) zusammengeschlossenen Landesrundfunkanstalten, das Zweite Deutsche Fernsehen (ZDF), das Deutschlandradio und alle Veranstalter bundesweit verbreiteter Rundfunkprogramme haben in ihren Angeboten die Würde des Menschen zu achten und zu schützen; die **sittlichen und religiösen Überzeugungen** der Bevölkerung sind zu achten.“

Wenn man gezwungen wird, solche Sendungen zu finanzieren, verstößt dies gegen die Handlungsfreiheit des Art. 2 Abs. 1 GG. Es gibt ja nach dem neuen Gesetz keine Möglichkeit mehr, durch ordnungsgemäße Abmeldung aller Geräte, diesem Finanzierungszwang zu entgehen.

Weiterer Verstoß gegen § 10 RfStV:

Dort heißt es: „Kommentare sind von der Berichterstattung deutlich zu trennen und unter Nennung des Verfassers als solche zu kennzeichnen.“

Hast du den folgenden Satz schon mal im öffentlich-rechtlichen Rundfunk gehört: ***Das Unwort des Jahres lautet xxyyzz***“. Mich erinnert das an den Roman „1984“ von George Orwell, in dem von der Terror-Regierung Wörter nicht nur verboten, sondern regelrecht ausgemerzt wurden.

Ein öffentlich-rechtlicher Rundfunk, dessen Bestand und Finanzierung nicht durch rechtsstaatlich einwandfreie Mittel gesichert werden kann, muss verboten werden.

Motto: Wofür es keine Sprache mehr gibt, das kann man auch nicht mehr denken. Heute postuliert der öffentlich-rechtliche Rundfunk derartige Denk- und Redeverbote. Eines dieser „Unwörter" war vor einiger Zeit das ironische Wort „Gutmenschen", das bestimmten Leuten nicht gefiel.

Diese jährlich wiederkehrenden Meldungen über das „Unwort des Jahres", die von den Anstalten auf allen Kanälen als Tatsachenbehauptungen verbreitet werden, sind in Wirklichkeit Meinungen von gerade mal vier ehemaligen Sozialwissenschaftsstudenten, die ganz allein darüber entscheiden, was ein „Unwort" ist und was nicht.

Meine Rechte sehe ich durch eine solche Berichterstattung verletzt, weil mir dadurch suggeriert wird, dass ich solche Wörter nicht mehr verwenden darf und dass Zuwiderhandlungen mit sozialer Verachtung zu bestrafen sind. Der Begriff „Unwort", sofern er von ARD und ZDF als Tatsache behandelt wird, verstößt zudem gegen das Recht auf freie Meinungsäußerung. Erlaubt wäre folgende Meldung gewesen: „Vier ehemalige Kommilitonen trafen sich mal wieder zum Guinness in der Kneipe und faxten uns dann nach dem 12. Bier eine Pressemitteilung mit folgendem Unwort zu, das wir hiermit verlesen." Meiner Meinung nach ist das Wort „Unwort" das schlimmste Wort im Sprachgebrauch und zeugt von totalitärer Gesinnung.

Verstoß gegen das Sozialstaatsprinzip und gegen das Recht auf Informationsfreiheit:

In einem meiner Schriftsätze habe ich folgendermaßen argumentiert:

„Nach dem Grundgesetz ist es mir erlaubt, mich aus frei zugänglichen Medien zu informieren. Dieses Grundrecht besagt auch, dass es mir selbst obliegt zu wählen, aus welchen Medien ich mich informiere und aus welchen nicht (letzteres ist die negative Informationsfreiheit). Dieses Recht kann mir weder vom Gesetzgeber noch von einer Landesrundfunkanstalt genommen werden. Es ist ein Grundrecht.

Da der Rundfunkbeitragsstaatsvertrag (RBStV) keine Befreiung wegen geringen Einkommens vorsieht, verstößt es nicht nur wie erwähnt gegen den Artikel 5 Abs. 1 Satz 1, 2. Halbsatz unseres Grundgesetzes, sondern auch noch gegen das Sozialstaatsprinzip der Art. 20 Abs. 1 GG und Art. 28 Abs. 1 Satz 1. Das Sozialstaatsprinzip hat das Ziel, einen Ausgleich der widerstreitenden Interessen herzustellen und erträgliche Lebensbedingungen für alle zu ermöglichen. Es steht für soziale Gerechtigkeit und der Gewährung eines menschenwürdigen Existenzminimums.

Sollten Sie mich tatsächlich erfolgreich zwingen können, den von Ihnen geforderten Betrag an Sie zu bezahlen, könnte ich mir kein anderes Medium mehr leisten und könnte dieses zentrale Grundrecht nicht in Anspruch nehmen!"

Verletzung des Gleichheitsgrundsatzes

Das Gleichheitsgebot verlangt, dass Gleiches gleich und Ungleiches ungleich zu behandeln ist. Beim Rundfunkbeitrag wird sowohl im privaten als auch im nicht-privaten Bereich gegen das Gleichheitsgebot verstoßen.

So müssen Wohngemeinschaften nur einmal den Beitrag zahlen, auch wenn dort 10 Personen in separaten Zimmern mit diversen Rundfunkgeräten leben. In § 3 Abs. 2 RBStV findest du weitere Ausnahmen vom Begriff der „Wohnung", die nicht immer einleuchtend sind.

Die Tatsache, dass ein Hartz-IV-Bezieher eine Befreiung erhält, während eine Person, die mit Arbeit ein identisches oder geringeres Einkommen erzielt, den vollen Beitrag bezahlen muss, dürfte ebenfalls mit dem Gleichheitsgrundsatz unvereinbar sein.

Im nicht-privaten Bereich werden beispielsweise Unternehmen mit sehr vielen Filialen gegenüber anderen Betrieben mit gleicher Mitarbeiterzahl deutlich benachteiligt. Nicht zuletzt werden diejenigen „gleich" behandelt, obwohl sie „ungleich" sind, die überhaupt keine Rundfunkgeräte haben.

Du findest zum Thema der Ungleichheit weitergehende Informationen in den am Schluss dieses Unterkapitels genannten Expertisen. Außerdem kannst du dich in den §§ 5 und 6 RBStV darüber informieren, wie sich die Rundfunkbeiträge im nicht-privaten Bereich gestalten.

Der Rundfunkbeitrag ist eine unzulässige Steuer:

Der Rundfunkbeitrag ist rechtlich gesehen eigentlich eine Steuer und kein Beitrag im Sinne der Abgabenordnung. Im Gesetz heißt es dazu:

§ 3 Abs. 1 AO: Steuern sind Geldleistungen, die nicht eine Gegenleistung für eine besondere Leistung darstellen und von einem öffentlich-rechtlichen Gemeinwesen zur Erzielung von Einnahmen allen auferlegt werden, bei denen der Tatbestand zutrifft, an den das Gesetz die Leistungspflicht knüpft; die Erzielung von Einnahmen kann Nebenzweck sein.

Diese Definition trifft auch auf den Rundfunkbeitrag zu. Das Interessante daran ist nun, dass diese Steuer schon aus rein formalen Gesichtspunkten unzulässig ist, da sie von den Ländern und nicht vom Bund beschlossen wurden. Die Länder haben nämlich keine Gesetzgebungskompetenz.

Wenn du dich intensiver mit der Materie befassen möchtest, kannst du dir dazu ausführliche Rechtsgutachten und sogar die Doktorarbeit einer ehemaligen NDR-Mitarbeiterin aus dem Internet herunterladen, für die sie die Bestnote „summa cum laude" erhielt. Drei Beispiele habe ich hier gelistet. Google dazu nach folgenden Begriffen:

Prof. Dr. Thomas Koblenzer:

„Abgabenrechtliche Qualifizierung des neuen Rundfundfunkbeitrags und finanzverfassungsrechtliche Konsequenzen"

Prof. Dr. Christoph Degenhart:

„Verfassungsfragen des Betriebsstättenbeitrags nach dem Rundfunkbeitragsstaatsvertrag der Länder"

Dr. Anna Terschüren (Dissertation):

„Die Reform der Rundfunkfinanzierung in Deutschland"

Mittlerweile liegen Beschwerden beim Bundesverfassungsgericht mit dieser Argumentation vor, welches diese jedoch bisher nicht zur Entscheidung angenommen hat, da der Rechtsweg noch nicht ausgeschöpft wurde. D.h., man muss erst durch die Instanzen Verwaltungsgericht, Oberverwaltungsgericht und Bundesverwaltungsgericht.

In meinem Buch „Erfolgreich gegen den Rundfunkbeitrag 2013" habe ich weitere Beispiele für Klagebegründungen vorgestellt.

Selbstverständlich dürfen alle meine Zitate verändert oder unverändert für die eigenen Schriftsätze verwendet werden.

16.9 Frist verpasst? Nicht verzagen!

Es kann sein, dass dir eine Fristversäumnis vorgeworfen wird, obwohl du noch gar keinen Bescheid erhalten hast. Fordere dann die Rundfunkanstalt dazu auf, den Empfang des Schreibens zu beweisen. Um die Beweispflicht der Rundfunkanstalt deutlich zu machen, zitiere den Bundesgerichtshof (BGH).

Der BGH hat nämlich über die Heranziehung von Anscheinsbeweisen im Falle von angeblich zugestellten Einschreibebriefen folgende Aussage getroffen: Es sei schließlich ganz und gar typisch, dass Einschreibebriefe ihren Adressaten erreichen, und dennoch werde ein Anscheinsbeweis nicht zugelassen, weil es in 266 von 1 Million Fällen vorkomme, dass Einschreibesendungen verlorengingen (BGHZ 24, 308, 312 ff.). Der Anscheinsbeweis sei nicht schon dann geführt, wenn zwei verschiedene Möglichkeiten eines Geschehensablaufs in Betracht zu ziehen sind, von denen die eine wahrscheinlicher ist als die andere (ebenda).

Zu einem ordentlichen Mahnverfahren gehört einfach irgendwann eine Zustellungsurkunde, die beweist, dass man die Mahnung bekommen hat.

Versetzen in den vorigen Stand:

Stelle den Antrag, das Verfahren in den vorigen Stand zu versetzen. In der Verwaltungsgerichtsordnung heißt es dazu:

§ 60 Abs. 1 VwGO: Wenn jemand ohne Verschulden verhindert war, eine gesetzliche Frist einzuhalten, so ist ihm auf Antrag Wiedereinsetzung in den vorigen Stand zu gewähren.

Weitere Einzelheiten kannst du in den übrigen Absätzen des § 60 finden.

16.10 Antrag auf Ratenzahlung

Falls alles nichts hilft, weil eben alles schief gelaufen ist, kannst du noch zu einem geordneten Rückzugsgefecht übergehen; dich aber schon jetzt innerlich auf eine neue Runde im Kampf gegen die Rundfunkanstalten vorbereiten (siehe Kap. 16.14).

Ein Weg, dem Beitragsservice noch ein bisschen Arbeit zu bereiten und dir Luft zu verschaffen, ist ein Antrag auf Ratenzahlung. Falls der abgelehnt wird, gehst du halt in den Widerspruch...

16.11 Verjährung

Im Rundfunkbeitragsstaatsvertrag heißt es dazu:

§ 7 Abs. 4 RBStV „Die Verjährung der Beitragsforderung richtet sich nach den Vorschriften des Bürgerlichen Gesetzbuches über die regelmäßige Verjährung."

Man schaut also im Bürgerlichen Gesetzbuch nach, um zu erfahren, was tatsächlich gemeint ist. Im BGB heißt es zunächst lapidar:

§ 195 BGB „Die regelmäßige Verjährungsfrist beträgt drei Jahre."

Klingt eigentlich ganz gut, das Ganze hat aber einen Haken. Es geht nämlich weiter mit der Frage, wann die Verjährungsfrist beginnt und da müssen wir den § 199 BGB angucken:

§ 199 BGB Abs. 1 „Die regelmäßige Verjährungsfrist beginnt mit dem Schluss des Jahres, in dem
1. der Anspruch entstanden ist **und**
2. der Gläubiger von den den Anspruch begründenden Umständen und der Person des Schuldners Kenntnis erlangt oder ohne grobe Fahrlässigkeit erlangen müsste."

Dieses „und" ist da ganz wichtig. Im Klartext heißt das nämlich: Wenn der Beitragsservice erst in 10 Jahren erfährt, dass du heute nicht nur „lebst", sondern schon „wohnst", können sie dich 10 Jahre plus drei Jahre rückwirkend belangen, weil die Anstalten ja gem. Satz 2 vorher noch keine Kenntnis über ihre Ansprüche hatten. In dem Fall liegt der Anspruch also 13 Jahre zurück.

Einen Trost bringt das Gesetz aber trotzdem: Nach 30 Jahren verjähren die Ansprüche generell.

16.12 Zahlung unter Vorbehalt

Oft wird empfohlen, eine Zahlung zwar zu leisten, auf der Überweisung jedoch zu vermerken „unter Vorbehalt". Hiermit sind jedoch keine zusätzlichen Rechte verbunden, sich den Betrag zurückzuholen. Schon gar nicht durch selbstveranlasste Rückbuchung, wie dies bei einem unrechtmäßigen Bankeinzugsverfahren sechs Wochen lang möglich ist. Das Geld hat auf jeden Fall den Besitzer gewechselt. Es ist höchstens ein Hinweis für den Empfänger, dass man die Forderung eigentlich nicht anerkennt und irgendwann vielleicht einmal den überwiesenen Betrag zurückfordern wird. Es ist also eher symbolisch, kann aber auch nichts schaden.

Sollte das Verfassungsgericht irgendwann den Rundfunkbeitrag für verfassungswidrig erklären, käme es noch darauf an, ob es die Rückforderung der Beitragszahler überhaupt zulässt oder ob es die Gefahr für den öffentlich-rechtlichen Rundfunk für zu groß hält. Auf jeden Fall ist der Zusatz „unter Vorbehalt" nicht wirklich dazu geeignet, sicher wieder an sein Geld zu kommen. Es hilft halt nur die rechtzeitige Gegenwehr mit Widerspruch und Klage, wie oben beschrieben.

16.13 Zwangsvollstreckung

Die Zwangsvollstreckung darf auf Grund des staatlichen Gewaltmonopols nur durch staatliche Stellen betrieben werden. Mitarbeiter privater Inkassobüros dürfen nur das, was alle Personen dürfen, haben jedoch keine darüber hinausgehenden Befugnisse. Es gab mal den Versuch von Inkassobüros, einen säumigen Schuldner durch eine auffällige Mahnwache dazu zu bringen, zu bezahlen. Diese Methode wurde gerichtlich untersagt.

Die Zwangsvollstreckung im Öffentlichen Recht funktioniert aber etwas anders als im Privatrecht. Durchgeführt wird die Zwangsvollstreckung zugunsten der Rundfunkanstalten je nach Bundesland etwas unterschiedlich, aber in den meisten Fällen durch einen von der jeweiligen Gemeinde beauftragten Vollstreckungsbeamten, gelegentlich auch durch einen Gerichtsvollzieher. Der Vollstreckungstitel kann aus einem rechtskräftig gewordenen Bescheid begründet sein, es muss dafür kein Urteil, kein Vergleich o.ä. geben. Die Anstalten können sich den Titel selber ausstellen.

Auch wenn es selbst gegen Zwangsvollstreckungen noch Abwehrmöglichkeiten gibt, war es das dann wohl im Allgemeinen erstmal. Viele der Abwehrmöglichkeiten zögern die Vollstreckung lediglich hinaus, andere bergen die Gefahr, dass dein Ansehen darunter leidet oder gar deine Kreditwürdigkeit. Um den Rahmen nicht zu sprengen, möchte ich daher nur kurz darauf eingehen.

Klar ist: Der Vollstreckungsbeamte darf ohne richterlichen Beschluss nicht in deine Wohnung eindringen. Das wäre Hausfriedensbruch. Außerdem ist Vollstreckung an Sonn- oder Feiertagen unzulässig.

Steht eine Kontopfändung bevor, kannst du dir unter Umständen ein sog. P-Konto (Pfändungsschutzkonto) zulegen, das in gewissem Umfang und für bestimmte Zeit vor einer Sperrung geschützt ist. Auf einem normalen Konto gibt es nach neuerer Gesetzgebung keinen Schutz mehr. Auch nicht für Sozialleistungen. Erkundige dich über die speziellen Bedingungen und Kosten eines P-Kontos bei Deiner Bank.

Natürlich käme auch eine Eidesstattliche Versicherung in Betracht, in der die Richtigkeit und Vollständigkeit Deiner Vermögensauskunft bestätigt wird (früher „Offenbarungseid").

Aber wie zu Beginn von mir empfohlen: Lass es sein! Zahl' lieber oder vereinbare noch in letzter Minute Ratenzahlung. Dein ganzes Leben würde sich sonst möglicherweise auf den Kopf stellen und das ist dieser Teil des Kampfes nicht wert.

Dein Trost ist es nämlich, dass nichts für immer verloren sein muss! Eine neue Runde kann beginnen! Im Kap. 16.14 erfährst du wie.

16.14 Für immer verloren gibt es nicht!

Katzen sagt man nach, dass sie mehrere Leben haben. Wir Beitragssklaven vielleicht nicht - aber wir können wählen zwischen permanenter Unterordnung und einem Neuanfang was den Kampf gegen den Rundfunkbeitrag angeht. Auch wenn wir ein Verfahren verloren haben!

Nur weil man einmal gezahlt hat, hat man ja nicht für immer und ewig allem zugestimmt. Außerdem könnten ja nach der Zahlung Gründe entstanden sein, die nunmehr dazu führen, dass die Beitragspflicht entfällt.

<u>Merke</u>:

Niemand muss lebenslänglich Beitragszahler sein! Wir beginnen einfach von vorn uns zu wehren!

<u>Wir beginnen den Kampf von ganz vorne!</u>

Nehmen wir einmal an, dass ein Verfahren unwiederbringlich verloren ist. Dann wartest du entweder auf den Vollzugsbeamten und schaust, ob bezüglich der Zwangsvollstreckung noch was zu machen ist (siehe Kap. 16.11) - oder du zahlst, ggf. in Raten. Damit wäre dann diese Sache abgeschlossen. Wohl gemerkt: diese eine Sache.

Danach kommen wieder Rechnungen, Mahnungen und ein Bescheid. Du hast dem Beitragsservice hoffentlich keine Einzugsermächtigung erteilt, sondern hältst dein Geld beisammen!

Von nun an achtest du auf Wörter wie „Beitragsbescheid" und „Rechtsmittelbehelf". Du notierst dir die Daten und versäumst keine Frist mehr.

Jetzt kann alles von vorn beginnen und diesmal mit mehr Wissen und Erfahrung!

Wir dürfen es nicht durchgehen lassen, dass die Rundfunkanstalten uns unser Geld unwidersprochen abnehmen, nur weil wir eine Wohnung haben...!

16.15 Antrag auf Befreiung

Ich habe in diesem Kapitel den Schwerpunkt darauf gelegt, dass man die Forderung der Anstalten nach Beitragszahlung ablehnt, weil man den Beitrag als solchen bemängelt und deshalb in seinen Rechten verletzt wird.

Beim Befreiungsantrag ist das etwas anders. Bei diesem Verfahren erkennt man die Forderung und den Rundfunkbeitrag prinzipiell an, bittet aber für sich um eine Sonderregelung, die dazu führen soll, dass man weniger oder gar nichts an den Beitragsservice zahlen braucht. Diese Sonderregelungen sind in § 4 RBStV (Rundfunkbeitragsstaatsvertrag) festgelegt und sie betreffen Personen mit bestimmten Behinderungen, Personen, die ganz bestimmte Sozialleistungen erhalten sowie im Gesetz ziemlich unklar gelassene „Härtefälle". Geringes Einkommen ist schon seit 2005 kein Befreiungsgrund mehr und wird von den Gerichten auch nicht als Härtefall anerkannt.

Weitere Verschärfung: Neuerdings bekommen selbst Blinde keine komplette Befreiung mehr, sie müssten zusätzlich noch gehörlos sein (also taubblind).

Soweit kurzgefasst die Voraussetzungen, die du ausführlich im relativ umfangreichen § 4 RBStV nachschauen kannst.

Nun zur Durchführung: Die Befreiung wird nur auf Antrag gewährt. Solltest du der Meinung sein, dass eine der Befreiungskriterien auf dich zutrifft, kannst du bei der Rundfunkanstalt den Antrag stellen. Achte dabei wieder auf einen zuverlässigen Postweg, wie in Kap. 10.9 beschrieben. Rückwirkende Antragstellung ist nämlich nicht möglich und wenn sich der Antrag im Nirwana verlieren sollte (was häufiger passiert), ist der Antrag „nicht existent" und du musst zahlen.

Beim Befreiungsantrag solltest du daher auch nicht diverse Rechnungen und Mahnungen abwarten, bis schließlich nach vielen Monaten der Beitragsbescheid kommt - so wie oben im Kapitel beschrieben. Hier musst du schnell handeln, damit du die Befreiung rechtzeitig bekommen kannst. Wie erwähnt ist die rückwirkende Befreiung nicht möglich.

Genehmigte Anträge gelten nur für bestimmte Zeit und müssen regelmäßig und rechtzeitig erneuert werden. Auch Schwerstbehinderte müssen ständig ihre Anträge neu stellen, sonst läuft die Befreiung aus.

Tipp zum Härtefall: Warum es nicht zumindest mal versuchen? Falls du mit einem Verfahren gescheitert bist, beantrage doch mal eine Befreiung nach der nebulösen Härtefall-Regelung des § 4 Abs. 6 RBStV und zieh das Verfahren bis zum Ende durch. Denk dir Gründe aus, warum gerade du ein „Härtefall" bist.

Als PDF-Datei für Aufkleber
Download unter

www.gez-abschaffen.de/Loewen-Aufkleber.pdf

17 Fragen und Antworten

In diesem Kapitel habe ich ein paar häufig gestellte Fragen in allgemeiner Form aufgeführt und beantwortet.

1. **Ich habe einem Kollegen Geld geliehen und bekomme es einfach nicht zurück. Immer wieder vertröstet er mich. Ich glaube, er nimmt mich nicht ernst. Wie kann ich Nachdruck in meine Forderungen bringen? Immerhin streitet er nicht ab, dass er mir Geld schuldet.**

   Du könntest ihm einen Gerichtlichen Mahnbescheid schicken (vgl. Kap. 11.5). Da er ja zugibt, dir Geld zu schulden, ist damit für dich auch kein Risiko verbunden. Wenn du nett sein willst, kannst du ihn ja auch noch vorher warnen und ihn auf die zusätzlichen Kosten aufmerksam machen, die das Gericht für den Bescheid erhebt.

2. **Ich werde von einer großen Firma angegriffen und muss mich wehren. Da ich von Recht keine Ahnung habe, brauche ich einen Anwalt, habe aber kein Geld. Gibt es irgendwelche staatlichen Hilfen?**

In einigen Bundesländern gibt es Anlaufstellen, in denen Juristen die Bürger kostenlos beraten. In Hamburg gibt es z.B. die Öffentliche Rechtsauskunft (ÖRA), wo Anwälte und Richter ehrenamtlich zur Beratung bereitstehen. Meist sind die Wartezeiten allerdings sehr lang. In anderen Bundesländern gibt es die Möglichkeit - bei entsprechendem Einkommensnachweis - sich unentgeltlich auf Staatskosten von niedergelassenen Anwälten beraten zu lassen.

Im Falle eines Gerichtsverfahrens kann Prozesskostenhilfe (PKH) beantragt werden, wobei hierbei nicht nur vorauszusetzen ist, dass nur geringe Einkünfte vorhanden sind, sondern i.d.R. auch, dass der Prozess Aussicht auf Erfolg hat. Die PKH ist aber geringer als die normalen Gebührensätze der Anwälte, sodass der Anwalt oder die Anwältin mit weniger Geld auskommen muss. Solltest du später einen mit PKH geführten Prozess verlieren, musst du trotzdem den Gegenanwalt bezahlen. Auch der Rest der Beihilfe wird zurückverlangt, falls du in den nächsten drei Jahren ein entsprechend hohes Einkommen erlangst.

3. Meine Krankenkasse gewährt mir die beantragte Kur nicht. Was kann ich tun? Geld für einen Anwalt hab ich nicht.

Du kannst im Sozialrecht ziemlich weitgehend auch ohne Anwalt prozessieren. Der Weg, den du gehen kannst, ist nach einem möglichen ablehnenden Bescheid durch die Krankenkasse, gegen diesen entsprechend dem Rechtsmittelbehelf Widerspruch einzulegen. Sollte dieser ebenfalls abgelehnt werden, kannst du dagegen vor dem Sozialgericht klagen. Sogar die nächste Instanz, das Landessozialgericht, steht dir auch ohne Inanspruchnahme eines Anwalts, wenn nötig, für die Berufung offen. Bestehe darauf, ein neues medizinisches Gutachten von einem neutralen Experten vom Gericht angeordnet zu bekommen. Auch das kostet dich nichts. Ggf. kannst du auch Prozesskostenhilfe beantragen (siehe Antwort zu Frage 2).

4. Ich bekam im März einen Brief vom Gericht, in dem mir eine Frist von einem Monat gesetzt wurde. Was ist mit „einem Monat" gemeint?

Ein „Monat" ist immer so lang, wie der Monat, in dem du diese Frist gesetzt bekommst. Du musst also im Februar schneller reagieren, als im Oktober. Die Frist endet immer an dem Tag um 24:00 Uhr. Also, wenn du am 13. September ein Schreiben mit einer Monatsfrist bekommst, endet diese am 13. Oktober um 24:00 Uhr. Bewahre dir zum Nachweis des Erhaltes immer den Briefumschlag auf.

5. Ich betreibe eine Domain im Internet. Jetzt bekam ich eine Abmahnung, weil ich angeblich gegen das Markenrecht verstoßen haben soll. Was kann ich tun?

Lies dir zunächst Kap. 11.6 durch. Versuche nachzuvollziehen, warum du Rechte verletzt haben solltest. Markenrecht gehört zu einem Bereich, wo es oft sehr weit auf eine Abwägung des Gerichts ankommt. Du solltest dir daher vorsichtshalber eine Einschätzung eines erfahrenen Medienanwalts holen, der die vorhandene Rechtssprechung kennt.

6. Mein Chef mobbt mich auf übelste Weise. Ich glaube, er will mich auf diese Weise billig loswerden. Wie kann ich mich wehren?

Lass dich zunächst kostenlos bei einem Verein, wie Klima e.V. (www.klimaev.de) beraten. Sage nie, dass dein Chef dich mobbt, weil dies als Verleumdung ausgelegt werden

könnte. Sage: Ich fühle mich von ihm gemobbt. Lies Kap. 14.

7. **Meine Frau will sich von mir scheiden
    lassen und es gibt leider noch sehr große
    Differenzen, was die Kinder und unser
    Haus angeht. Ich möchte allerdings al-
    les vermeiden, was zu einem Rosenkrieg
    führt. Wie soll ich vorgehen?**

    Es gibt ausgebildete Familien-, bzw. Paar-
    Mediatoren, die darauf spezialisiert sind, sol-
    che Konflikte zu lösen. Mediation ist ein er-
    folgreiches Verfahren, das die Interessen al-
    ler Parteien miteinander abgleicht. Ein Ver-
    such ist es allemal wert. Lies hierzu Kap. 12.

8. **Mein Anwalt ist etwas träge. Ich glaube,
    ich bin für ihn kein besonders interes-
    santer Fall. Kann ich ihn wechseln?**

    Das Problem beim Anwaltswechsel sind die
    doppelten Gebühren. Dein erster Anwalt hat
    nämlich Anspruch auf die bisher angefalle-
    nen Gebühren und dein neuer Anwalt darf
    sie ebenfalls noch einmal berechnen. An-
    sonsten kann dich dein Anwalt natürlich
    nicht festhalten. Du kannst das Mandat je-
    derzeit kündigen.

9. **Ich habe totalen Ärger mit meiner Versicherung, die einfach nicht zahlen will, obwohl alle Fakten sonnenklar sind. Die haben natürlich eine exzellente Rechtsabteilung und ich habe nichts. Gibt es eine außergerichtliche Möglichkeit, die zum bezahlen zu bewegen?**

Wende dich zunächst an die Verbraucherzentrale in deiner Nähe. Dort kannst du dir eine erste rechtliche Einschätzung einholen. Weitere Möglichkeiten ohne juristischen Hintergrund sind z.B. der Gang an die Öffentlichkeit (s. Kap. 13.2) oder eine Offene Email (Kap. 13.3).

10. **Ich werde in Foren verleumdet und ich weiß auch schon, wer es ist. Wenn ich ihn darauf anspreche, grinst der bloß. Was kann ich machen?**

Auch wenn Abmahnungen normalerweise etwas anrüchiges haben. Manche Leute sind anders nicht zur Vernunft zu bringen. Lies dazu mehr in Kap. 11.6

11. **Ich erstelle für unsere Firma regelmäßig eine Betriebszeitschrift, die ausschließlich unsere Mitarbeiter ausgehändigt bekommen. Darf ich dafür Fotos benut-**

zen, die ich aus dem Internet heruntergeladen habe?

Klares Nein, weil dies Urheberrechte verletzen würde. Bei einer solchen Nutzung handelt es sich nicht um einen rein privaten Gebrauch, obwohl es sozusagen in den vier Wänden eurer Firma bleibt und kostenlos verteilt wird. Privat wäre es etwa, wenn du es dir ausdruckst und an die Wand deines Schlafzimmer hängst (nicht aber in den Empfangsraum der Firma).

Für Fotos gelten Urheberrechte selbst dann, wenn ein Foto kaum erkennbare Schöpfungstiefe enthält - man bezeichnet es dann als „kleine Münze". Urheberrechtsverletzungen können sogar strafbar sein. Mindestens hat der Rechteinhaber einen Anspruch auf Unterlassung und in bestimmten Fällen auch auf Schadenersatz. Anders als bei Persönlichkeitsrechten hat das Gericht kaum bis gar keine Ermessens- oder Auslegungsspielräume, wenn die Urheberschaft eines Klägers bewiesen ist. Und solche Verfahren sind teuer.

Versuche stattdessen den Urheber ausfindig zu machen und um schriftliche Erlaubnis für die Verwendung zu bitten.

12. Ich möchte gern einfach aber zuverlässig nach juristischen Informationen suchen. Wie gehe ich da am besten vor?

Um juristische Begriffe kurz und zuverlässig zu klären und einen guten Überblick zu bekommen, empfehle ich das Buch von Alpmann/Brockhaus "„Fachlexikon Recht". Ich kaufe mir das Buch bei jeder Neuerscheinung regelmäßig nochmals, da sich in der Gesetzgebung und der Rechtsprechung doch häufiger mal etwas ändert und man sonst falschen Voraussetzungen unterliegt.

Die aktuellen Bundesgesetze kannst du beim Portal www.gesetze-im-internet.de als gesamte PDF oder als einzelne Paragrafen herunterladen. Letzteres ist gut, um Zitate zu kopieren. Diese Domain ist ein Service des Bundesministeriums der Justiz und für Verbraucherschutz in Zusammenarbeit mit der juris GmbH - www.juris.de.

Bei Wikipedia findest du unten auf der Seite eine offizielle Adressliste für die Landesgesetze der einzelnen Bundesländer. Gebe hierzu in die Suchzeile von Wikipedia den Begriff „Landesrecht" ein.

Für aktuelle Urteile kannst du die Webseite des entsprechenden Gerichtes aufrufen und dann in der internen Urteilsdatenbank recherchieren. Urteile kannst aber auch in anderen Quellen im Web suchen. Ein Beispiel ist: www.kostenlose-urteile.de. Natürlich solltest du nicht jede beliebige Quelle akzeptieren. Bei den Urteilen kannst du etwa weiter zu dem jeweiligen Gericht klicken und dort das Original ansehen.

Professionelle Rechtskommentare findest du im Internet fast keine. Hier empfiehlt sich der Gang in die Uni-Bibliothek oder der Kauf eines entsprechenden Buches. Beispiel: Jarass/Pieroth: „Grundgesetz für die Bundesrepublik Deutschland - Kommentar".

Rechtsmeinungen von Juristen und Laien zu bestimmten Themen kannst du in diversen Blogs und Foren erfahren. Dort kannst oft auch eigene Fragen stellen, die dir dort mehr oder weniger kompetent beantwortet werden. Auf jeden Fall bekommst du einen Eindruck davon, welche Sorgen andere Menschen plagen und wie sie damit umgehen.

Die Diskussionen zu Rechtsthemen machen deutlich, dass Recht nicht immer einheitlich gesehen wird. Als mir 2010 von einem NDR-Mitarbeiter der jahrelange Blog „Meine Zwangsanmeldung" verboten wurde, gingen die Meinungen durchaus auseinander. Einige Links zu Veröffentlichungen in Foren und anderen Publikationen über das Verbot findest du hier:

http://www.gez-abschaffen.de/meinezwangsanmeldung.htm

18 Über den Autor

Bernd Höcker, geboren am 3.2.1953, absolvierte als erste Berufsausbildung eine handwerkliche Fotografenlehre, bevor er 1976 das Abitur an der Abendschule nachmachte. Von 1977 bis 1986 studierte er Erziehungswissenschaft, Blinden- und Sehbehindertenpädagogik, Soziologie, Politik, Geschichte und Verhaltenspsychologie. Nach dem ersten Staatsexamen folgte eine einjährige Umschulung zum EDV-Anwendungstrainer und eine über 15-jährige freiberufliche Tätigkeit als EDV-Berater und -Dozent. Während dieser Zeit gründete er auch seinen Verlag und schrieb nebenher Beiträge für's MAD, diverse Sketche für eine damals sehr bekannte RTL-Comedy-Show, Handbücher für Computersoftware sowie Fachbücher über vegetarische Ernährung. 1996 wurde ihm vom Deutschen Patentamt das Patent für eine Selektionszeitschaltanlage erteilt. 2001 eröffnete er seine Internetpräsenz www.gez-abschaffen.de. Von 2004 bis 2011 schrieb er fünf Bücher über Rundfunkgebühren, die GEZ und über den deutschen öffentlich-rechtlichen Rundfunk. Von 2004 bis 2007 studierte er Sozialökonomie mit Schwerpunkt Rechtswissenschaft an der Uni-Hamburg und beendete dieses Studium mit dem Abschluss „Bachelor of Arts in Law".

19 Zusatzinformationen im Internet

Zusätzliche Informationen zum Buch gibt es unter folgender Internetadresse:

www.gez-abschaffen.de/bkb.htm

- Internetlinks zum Thema

- Adressen von Anlaufstellen

- Hinweise für weiterführende Literatur

Sowie Änderungen im Buch, die erst in der nächsten überarbeiteten Auflage berücksichtigt werden können.

Außerdem findest du auf gez-abschaffen.de zahlreiche Fallbeispiele und Kommentare zum Rundfunkbeitrag und der früheren Rundfunkgebühr.

20 Index